ORACIONES
PARA ENFERMOS
Y DIFUNTOS

Preparado por
HERIBERTO JACOBO M.

SAN PABLO

Puede imprimirse
Juan Manuel Galaviz H., SSP
Provincial de la Sociedad de San Pablo
México, D.F. 3-VIII-1983

Nada Obsta:
Juan Manuel Galaviz H., SSP
Censor
México, D. F. 14-XI-1983

Imprímase
† Francisco Orozco L.
Vicario General del Arzobispado de México
México, D.F. 21-XI-1983

Primera edición: 1984
81ª edición: 2014

D.R. © 1984, EDICIONES PAULINAS, S.A. DE C.V.
Av. Taxqueña 1792, Del. Coyoacán, 04250 México, D.F.

Impreso y hecho en México
Printed and made in México

978-970-612-124-0

PRESENTACIÓN

"Estaba enfermo y me viniste a visitar". Estas palabras de Jesús nos ayudan a comprender al enfermo como sacramento de Cristo doliente entre nosotros.

La presencia de Dios entre los hombres que se realiza en Jesucristo tiene como fin librar al hombre de todo mal; rescatarlo del pecado y sus consecuencias: el dolor, la enfermedad y la muerte. El camino es único: la fe en Jesucristo. Dios puede salvarnos por caminos desconocidos para nosotros; pero ordinariamente lo hace a través de la cruz del sufrimiento aceptado, en unión con Cristo, como respuesta del hombre a la voluntad amorosa del Padre. Esta aceptación de la voluntad de Dios, en medio del dolor, no se improvisa. Estamos heridos por el pecado y nuestra naturaleza se resiste a aceptar el dolor como medio para llegar a la felicidad. De ahí la necesidad que tenemos durante toda la vida, y en particular cuando nos visita el dolor, de ejercitarnos en el campo de la fe para que sepamos leer en las situaciones de enfermedad, dolor y muerte la voluntad de Dios.

El Libro de Oraciones para enfermos y difuntos, del R. P. Heriberto Jacobo Méndez, S.S.P., quiere ser eso: un auxiliar en las manos de familiares, enfermos, personal de servicio en hospitales, clínicas, centros de salud... y en las manos de todas aquellas personas que desean prestar una ayuda a quienes se debaten con la enfermedad, y si es el caso, preparar cristianamente a quien debe ir al encuentro definitivo del Señor. La abundancia de textos bíblicos, invocaciones, oraciones, cantos que contiene el Libro han sido elegidos con este piadoso fin: hacer del misterio del sufrimiento y la muerte cristiana un encuentro de la creatura con su Creador.

Quiera Dios, rico en misericordia, acercar, a través de este Libro, a todos los enfermos y moribundos a los brazos amorosos de Dios, y así escuchen de labios de Jesús aquellas alentadoras palabras suyas: "Venid a mí todos los cansados y fatigados que yo os aliviaré", y se ilumine así, con las palabras de la fe, el momento crucial de dar el paso definitivo de esta tierra a la casa del Padre.

F.A.Z.

LA ENFERMEDAD

En la vida presente la enfermedad ofrece al cristiano la oportunidad de imitar a su Maestro, quien ha tomado sobre sí nuestros sufrimientos. La enfermedad, como todo sufrimiento, si se acepta y se vive en unión con Cristo paciente, alcanza un valor de redención.

La Iglesia nos enseña el sentido cristiano de la enfermedad como participación en el misterio pascual de Cristo, invitándonos a participar conscientemente en la Eucaristía.

La participación en el misterio pascual de Cristo tiene un signo sacramental específico para aquellos que sufren de enfermedad grave: *La Unción de los enfermos...* Celebrando este Sacramento, la Iglesia proclama la victoria de Cristo sobre la enfermedad, y el cristiano acepta la acción redentora de Cristo.

"Cristo no suprimió el sufrimiento, y tampoco ha querido develar su misterio: Él lo tomó sobre sí, y por eso es más que suficiente para que nosotros comprendamos su valor".

Recordemos muchas veces las palabras del Apóstol San Pablo: "Los sufrimientos de esta vida no pueden compararse con la gloria futura que se manifestará en nosotros" (Romanos 8, 18).

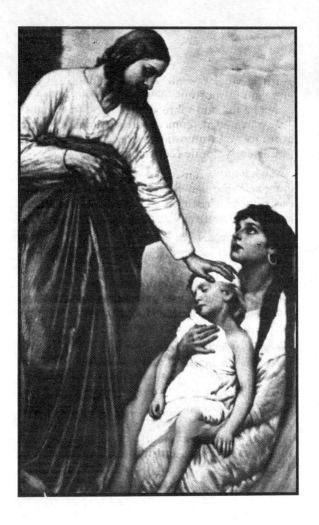

I

NUESTROS ENFERMOS

ORACIONES DEL ENFERMO

Señor, voy a comenzar un nuevo día

Señor, voy a comenzar un nuevo día.
Resuenan en mis oídos
las palabras que dijiste:

"Aunque la madre olvide a sus hijos,
 yo jamás te olvidaré".

Sé que me miras con cariño
y me amas con ternura, porque estoy enfermo.

Estoy debilitado físicamente,
estoy preocupado por la enfermedad
que se apoderó de mí.

A veces, el sufrimiento
me hace perder el gusto a la vida.

Pero la fe me da la seguridad de que estás a mi lado,
para ampararme, para consolarme,
y para comunicarme la fuerza necesaria
a fin de que no vacile en la hora del dolor
y no me desanime en la hora del sufrimiento.

Así como la madre demuestra
todo su desvelo maternal y su amor
cuando el hijo está enfermo,
así yo creo, Señor,
que tu bondad me va a proteger
y guiar durante este día,
ya que soy tu hijo y estoy enfermo.

Te agradezco la noche que pasé,
el descanso que tuve
y las horas de vigilia
que aproveché para pensar en ti.

Te agradezco por el desvelo de aquellos
que me cuidaron
y me atendieron cuando lo necesité.

Ante la inseguridad que siento
al comenzar este nuevo día,
confío en ti,
ya que todo lo que tengo y lo que soy
te pertenece.

El deseo de recuperarme
y volver junto a mis seres queridos
me hará enfrentar todo lo que sea preciso.

En el esfuerzo de los que me atienden
veré tu mano, Señor,
que quiere levantarme y verme restablecido.

Los sacrificios que este día me reserva,
con tu ayuda

quiero soportarlos pacientemente
y las alegrías que por ventura sienta,
quiero compartirlas
con quien esté sufriendo conmigo.

En mi ansia de ser feliz
haré todo lo que se me ordene,
con la frente erguida y el ánimo sereno.

Te pido, Señor,
que alivies los dolores de los que sufren más que yo.
Bendice mi día
y acepta mis sufrimientos;
te los ofrezco
en unión con los sufrimientos de Jesús.
Amén.

(Hilario S.)

Oración para pedir la salud

Padre nuestro, que estás en los cielos, al igual que
el sol ilumina la tierra y le da calor y vida, él nos
recuerda tu amor. Porque es en ti en quien vivimos,
nos movemos y existimos. De la misma manera que
has estado entre nosotros muchas veces a la hora de
la dificultad, en el pasado, continúa bendiciéndonos
ahora con tu ayuda.

Mira, Señor, con bondad lo que se está haciendo
en provecho mío. Guía con sabiduría al médico y a
todos los que cuidan de mis necesidades. Préstales tu
fuerza curativa, para que me sea devuelta la salud y

la fortaleza. Y te daré gracias a tu generoso y solícito cuidado. Por Cristo nuestro Señor. Amén.

Petición a la Santísima Virgen, para no morir violentamente

Virgen María, Señora nuestra, llena de gracia y misericordia, te suplico humildemente que no permitas muera yo de muerte violenta, para que mi alma no parta de este mundo sin un acto de contrición perfecto y sin haber satisfecho por mis pecados. Virgen Santísima, por el amor de tu Santísimo Hijo, ruega por mí, pecador. Amén.

(San Pedro Claver)

Oración para aceptar la voluntad de Dios

Has clavado, Señor, tu cruz sobre mi alma,
sobre mi cuerpo,
sobre mi corazón.

Me ofreces el dolor
y de todos los dolores eliges para mí el que
tú sabes
que más agudamente va a atravesar mi corazón.

Ayúdame, Señor, a soportar esta cruz
sin amargura, sin abatimiento,
sin consideración alguna sobre mí.

(Isabel Leseur)

Señor, yo estoy enfermo

Señor, yo que tantas veces
creí no necesitar de nadie,
y vivía confiado en mis fuerzas;
 ahora estoy aquí, sin fuerzas
y prisionero de esta cama,
de mis recetas, médicos, enfermeras y remedios...

Y me siento solo,
porque aunque la enfermedad
sea una cosa común
y vieja como el mundo,
para los enfermos siempre faltará MÁS tiempo,
MÁS cariño, MÁS compañía...

Y yo, que creía poder vivir sin los demás,
descubro que, enfermo, no sé estar solo...

¡Qué bueno, Señor Jesús, si fuéramos amigos!
Tengo tantos recuerdos de ti,
que creía haber olvidado...
En mis horas de soledad y silencio
han regresado a mí, tantas cosas,
tantas enseñanzas de mi niñez, del catecismo...
estabas presente y ayudabas,
sobre todo a los que sufrían.

Y yo, ¿sabes?, yo sufro... Y no solo en el cuerpo,
sufro
—y esto eres el primero en saberlo—
también en mi alma.

¡Quédate conmigo, Señor Jesús, porque yo estoy
enfermo!

¡Quédate conmigo, Señor Jesús!
Enséñame el sentido
y el valor de la enfermedad.
Aumenta en mí la Fe, para que crezca
mi confianza y dame la alegría
de la ESPERANZA.

(E. JuanT.)

Señor, me pongo en tus manos

Señor, he estado pensando mucho en mi vida.
Me he preguntado:

¿QUE CLASE DE CRISTIANO SOY?
Si recién ahora, vuelvo a encontrarte,
a descubrirte amigo, a hablar contigo...
Recién te descubro como NECESARIO
en mi vida...

¡Tantas veces, sabiéndolo bien,
te anduve huyendo!
Jugándote a las escondidas,
haciéndote trampas,
para no comprometerme contigo.

Sí, ya, casi no rezaba...
Y la confesión y la comunión
están ausentes de mi vida.
Es cierto que, a veces, participaba de la Misa,
pero quise hacer una religión cómoda
y a mi gusto;
bastante distinta de la que nos enseñaste.

Creo, que estar enfermo,
me está haciendo mucho bien;

14

me está ayudando a recuperar
realidades valiosas;
me está dando la oportunidad
de ordenar mi vida.
¡Gracias, Jesús, mi amigo!

Señor, hoy me pongo en tus manos.
Y quiero decirte que te pido perdón
por todos mis pecados. Por todos.
Y quiero pedirte mucha decisión y mucho valor,
porque estoy sintiendo una gran necesidad
de la CONFESIÓN y de la COMUNIÓN.
Y sé que debo hacerlo.

Señor, hoy me pongo en tus manos:
por eso, dame la alegría de vivir como
un CRISTIANO NUEVO.
Como los que te aceptan como el MAESTRO,
sin discutir y seleccionar
tus enseñanzas
y mandatos.
Dame la paz de tu perdón.
Dame la fuerza de tu Cuerpo y de tu Sangre.
Amén.

(E. Juan T.)

Señor, hágase tu voluntad

Padre de bondad, yo sufro, estoy postrado y no tengo fuerzas. En estos momentos me es difícil decir: "Hágase tu voluntad".

Pero en medio del desaliento, Señor, quiero decir sí a mi estado, a mis sufrimientos, a mi debilidad, a mi pobreza. Quiero aceptar lo mejor posible todo como venido de tus santas manos.

No permitas que mi sufrimiento sea inútil. Quizás alegra a alguien que no te conoce y no te ama, o también a quien trabaja y lucha contigo.

El Hijo tuyo ha mostrado, sobre la cruz, que el sufrimiento no es inútil. Te agradezco porque me haces comprender este misterio.

Bendíceme, Padre: bendice a las personas que me ayudan y que me acompañan. Bendice a todos aquellos que sufren como yo. Y, si quieres, concédenos la salud a mí y a los demás. Amén.

Ofertorio del enfermo

Señor Jesucristo, que mostraste tanto cariño por los enfermos y continúas tu obra de redención en todos aquellos que sufren, compartiendo sus sufrimientos, mira benigno la cruz de la enfermedad que pesa sobre nuestros hombros y ayúdanos a cargarla con fe y con amor.

Tú no quieres que los hombres sufran, pero de los males que los afligen extraes frutos de redención y de salvación.

Danos, pues, la paciencia necesaria para poder soportar los dolores y la fuerza para luchar contra las enfermedades del alma y del cuerpo.

Danos el coraje de decir, en las horas más amargas de la vida: Hágase tu voluntad.

Aumenta en nosotros la fe para comprender el verdadero sentido y el dolor espiritual del sufrimiento. Aumenta en nosotros la esperanza de volver a gozar de salud y de usarla para alabarte y servirte. Aumenta en nosotros la caridad que nos haga sentir tu presencia a nuestro lado, para ampararnos y protegernos.

No permitas que nuestras enfermedades nos quiten el ánimo de vivir ni destruyan nuestra confianza en ti.

Conforta a nuestros familiares, ilumina a quienes nos cuidan y trabajan por nuestra recuperación. En tu infinita bondad, recompensa a todos aquellos que nos sirven.

Ayúdanos a pasar este día alabándote, bendiciéndote y amándote. Amén.

(Hilario S.)

Petición de un enfermo

Oh Jesús, que has dicho: "Venid a mí todos los que estáis afligidos y cansados que yo os aliviaré"; yo me dirijo a ti en mi sufrimiento porque siento la necesidad de tu ayuda.

Está siempre cerca de mí, Señor, y cuando la desesperación me torture y piense que soy un peso inútil y molesto para los demás y para mí mismo, tú no me abandones, sino anímame con tus gracias.

Tú que tanto has sufrido, y que se te llama "el

17

hombre del dolor", haz que yo acepte este sacrificio como enviado de tus manos y lo ofrezca en unión a tu sacrificio, que todos los días renuevas en los altares del mundo.

Bendice a todos aquellos que me ayudan en mi enfermedad, da valor y cristiana resignación a todos los enfermos.

Virgen dolorosa, que participaste en la pasión del Salvador, tu Hijo, quédate maternalmente cerca de mi lecho. Dame el valor de aceptar el dolor y no permitas que en la hora de la prueba se debiliten mi fe y mi esperanza. Amén.

Oración de un enfermo
por sus hermanos enfermos

Señor Jesús, amigo mío,

dejando de pensar sólo en mí, en mis dolores
y cansancios;
he descubierto el mundo extenso
–casi incontable–,
de todos los que hoy, en una u otra medida, sufren
a causa de alguna enfermedad;
en sus casas u hospitales,
solos o acompañados;
con la Fe como fuerza
o debilitados interiormente
por la ausencia de Dios.

Señor, hoy quiero pedirte por ellos.
Quiero decirte que, ahora con tu amistad,
he comenzado a descubrir
el lazo misterioso de amor
que me une a todos los hombres;
pero de una manera muy especial
a los enfermos.
En ese lazo misterioso de unión
estás tú, tu dolor,
tu pasión, tu muerte. Y también tu resurrección.

Mis hermanos enfermos y yo enfermo
estamos unidos a ti, a tu dolor, a tu amor,
a tu misericordia.
Por eso comienzo a entender que, por ti,
el sufrimiento tiene un nuevo sentido.
COMPARTIMOS EL DOLOR CONTIGO.

Te pido por mis hermanos enfermos:
dales fuerza y Fe;
paciencia y esperanza.
Que encuentren el cariño
y la atención de los suyos.
Que descubran el valor de sufrir unidos a ti.
Que no los atrape la soledad,
que descubran los signos de la misericordia
y te descubran como amigo,
apoyo y Maestro del dolor.
Amén.

(E. Juan T.)

Oración de un enfermo por su familia

Señor Jesús, amigo mío:
hoy quiero pedirte por mi familia.
Mi enfermedad ha trastornado todo;
los veo preocupados a pesar de sus esfuerzos
por mostrarse serenos
–tienen que distribuir su tiempo entre
el trabajo y las preocupaciones diarias
y mi atención–.
Sufren, me doy cuenta;
a veces, se impacientan; lo comprendo;
otras, veo que su esperanza decrece.
Señor, ¡te doy gracias por mi familia!
¡Cuántos enfermos no la tienen!
Señor, ¡te pido por mi familia!
Dales fuerza, serenidad, paz y esperanza.
Págales tú, con tu amor,
todo lo que hacen por mí.
Ojalá yo pueda aparecer ante sus ojos,
como si fueras tú mismo el enfermo,
el que sufre, el que necesita misericordia.
Señor, ¡te pido por mi familia!
Bendícela, únela, ayúdala a crecer en el amor;
que te conozcan cada día más
para que tú inspires sus actos y toda su vida.
Amén.

(E. Juan T.)

Señor, me creía solo

Yo no te había visto,
me creía solo,

solo en mi sufrimiento,
solo en mi soledad.
Y he aquí que la carga parece menos pesada
a mis espaldas y sobre todo a mi alma.
Y he aquí que mi mano se sentía arrastrada como
por otra mano.
Y he aquí que ya no estaba solo.
Tú estabas allí, Señor, pálido, cansado, jadeante,
abandonado como yo...
por mí.
Y tú llevabas tu Cruz,
una Cruz mucho más pesada que la mía;
y tú me ayudabas...
Al principio no te había visto.
Y cuando me siento terriblemente cansado, tampoco
me veo y me lamento.
Y sin embargo, tú estás allí.

(P. Godin)

Señor, me uno a tu dolor para salvar a los hombres

Señor, te extiendes en la Cruz todo lo largo
que eres.
Ya está.
Perfecto.
No hay nada que cambiar, te está a la medida.
Así, Señor, yo debo unir mi cuerpo, mi corazón, mi
espíritu,
y, tan largo como soy, tenderme sobre la cruz del
momento presente.

Y no tengo derecho a elegir la madera de mi
pasión:
la cruz ya está esperando a mi medida.
Tú me la ofreces cada día, cada minuto, y yo debo
ocuparla.
No es agradable, Señor; el momento presente es
tan estrecho que no hay modo de darse en él la
vuelta.
Con todo, Señor, yo no te encontraré en otra
parte,
es ahí donde tú me esperas,
es ahí donde, tú y yo juntos, salvaremos a nuestros
hermanos. Amén.

(M. Quoist)

Señor, transforma todos mis sufrimientos

Dios mío, deposito a tus pies mi carga,
mis dolores, mis tristezas y mis sacrificios.
Transforma todas mis pruebas
en gozo y santidad, en favor de los que amo;
en gracias para las almas,
en preciosos dones para tu Iglesia. Amén.

(Isabel Leseur)

Señor, padezco en mí lo que te queda por sufrir de tu Pasión

Haz, Señor, que tal como yo soy, me conforme a
tu voluntad; que, enfermo como estoy, te glorifique en
mis sufrimientos.

Sin sufrimiento no puedo llegar a la gloria, y tú mismo, Salvador mío, no quisiste llegar a ella sino a través de él.

Por las señales de tus sufrimientos te reconocieron tus discípulos; por el dolor reconoces también tú a los tuyos.

Cuéntame, pues, entre tus discípulos por los males que soporto, y en mi cuerpo y en mi alma, por los pecados que he cometido.

Y como nada le es agradable a Dios si no es a través de ti, une mi voluntad a la tuya y mis dolores a los que tú sufriste.

Haz que los míos sean los tuyos.

Entra en mi corazón y en mi alma, para llevar mis dolores,

y para seguir padeciendo en mí lo que te queda por sufrir de tu Pasión, la que cumples en tus miembros hasta la consumación perfecta de tu Cuerpo, a fin de que, lleno de ti, no sea yo quien viva y sufra, sino tú el que vivas y sufras en mí, Salvador mío,

para que así, teniendo una pequeña parte en tus sufrimientos, me llenes enteramente de la gloria que ellos te adquirieron,

en la cual vives con el Padre y el Espíritu Santo por todos los siglos de los siglos. Amén.

(Blas Pascal)

Señor, casi has divinizado el sufrimiento

Yo creo que el sufrimiento se lo ha concedido Dios al hombre con un gran designio de amor y de misericordia.

Creo que Jesucristo ha transformado, santificado y casi divinizado el sufrimiento.

Creo que el sufrimiento es para el alma el gran artífice de la redención y la santificación.

Creo que el sufrimiento es fecundo tanto, y a veces más, como nuestras palabras y nuestras obras; y que las horas de la Pasión de Cristo fueron para nosotros más poderosas y más grandes ante el Padre que los mismos años de su predicación y de su actividad.

Creo que entre las almas, entre las de aquí abajo, las que expían en el Purgatorio y los que han llegado ya a la verdadera vida, circula una vasta y perenne corriente formada por los sufrimientos, por los méritos y por el amor de todas esas almas, y que nuestros más pequeños dolores, nuestros más leves esfuerzos, pueden llegar, con la acción divina, hasta otras almas, amadas o lejanas, y llevarles la luz, la paz y la santidad.

Creo que en la eternidad nos encontraremos con las personas amadas que conocieron y amaron la cruz, y que sus padecimientos y los nuestros se confundirán en la inmensidad del Amor divino y en el gozo de la definitiva reunión.

Creo que Dios es amor y que el sufrimiento es en sus manos el medio que su amor emplea para transformarnos y salvarnos.

Creo en la Comunión de los Santos, en la resurrección de la carne y en la vida eterna. Amén.

(Isabel Leseur)

Señor, soy débil

Soy débil, mi Dios, y es muy posible que dentro de poco rehúse lo que ahora acepto.

Por eso, me apresuro a ofrecerte todo y a pedirte la gracia de conservar siempre presente en mi espíritu el verdadero sentido del dolor, que no es sino el rescate del género humano contigo, Señor.

Ayúdame a contemplar amplios horizontes, pese a las cuatro paredes de mi habitación de enfermo. Amén.

(Un paralítico de veinte años)

Señor, sufro, pero no como un santo

Ayer, Señor, ¿sabes?, sufrí lo indecible; pero no como un santo, desde luego, sino como lo que soy, un pobre hombre.

Tú también has sufrido, tú también te has afligido, has sangrado y has muerto, y todo eso lo ofreces cada día a nuestro Padre, en la Misa.

Si quieres, iré a Misa y pondré todo lo que tengo que sufrir yo junto a tu ofrenda, y estaremos de tal modo unidos en ese instante que podrás presentar mis esfuerzos como si fueran los tuyos y entonces será como si fueras tú el que sufrió ayer.

Y todo cuanto sufren los cristianos sobre la tierra, y todo cuanto hacen y todo cuanto esperan, lo va a mezclar la Misa con tu ofrenda, como la gota de agua que se pone en el cáliz y se mezcla de tal forma con el vino, que casi se convierte en vino.

Y tú aceptarás este sacrificio, oh Padre nuestro, y nuestra vida será más grande en la Iglesia. Amén.

(P. Godin)

Señor, puedo hacer mucho, si puedo sufrir mucho

Yo no puedo hacer nada, pero puedo sufrir. Puedo hacer mucho, si puedo sufrir mucho.

Los demás trabajan para mí, yo sufro para los demás.

Ellos honran a Dios con sus obras, yo le honro con mis sufrimientos.

Tengo bien merecido lo que ahora padezco, y lo que ahora padezco me hace ganar méritos. Saldo mis deudas pasadas y atesoro para el porvenir. Dios me quita la salud para darme la santidad.

Él está conmigo, yo sufro con Él.

Él lleva mi cruz y yo llevo la suya.

Te estoy muy reconocido porque me has afligido.

Y ya que no me has evitado penas en esta vida, confío en que me las evitarás después de la muerte. Amén.

(J. Crasset)

Señor, te ofrezco un día más de mi enfermedad

Señor Jesús, de nuevo amanece otro día y una vez más me encuentro enfermo.

Te ofrezco, Señor,
mi cuerpo imposibilitado,
mi frente febricitante,
mis manos desocupadas, inactivas,
y quizá también muchas horas de insomnio...
en todo caso,
esta larga jornada que ahora despunta.
Ya desde ahora, uno mis sufrimientos a los tuyos.
Te ofrezco el pequeño consuelo
que me pueden proporcionar las visitas.

Gracias por todas las atenciones de que voy a verme rodeado y que tantos enfermos desconocen.

Quisiera ofrecerte también esos instantes en que se me antoja estar un tanto abandonado, mientras el mundo gira en torno a mí.

Que yo halle entonces mi felicidad en estar contigo a solas.

Dame, Señor,
en cada instante de este día, el valor de aceptar con la sonrisa en los labios,
o, al menos, sin rebelarme, la prueba del sufrimiento.

Sólo así podré contarme entre tus discípulos, Señor Jesús,
aun en el trance en que la enfermedad me visita.
Amén.

(I.H.)

Oración de confianza de una enferma

No hay que desperdiciar ni un segundo de amor. Es preciso que yo llegue a amar a Dios apasionadamente, siempre y cada vez más, para estar preparada el día de mi partida... La hora de la Comunión eterna... Pronto descubriré a mi bien Amado, y libre de este cuerpo de muerte, mi dicha consistirá en verle y poseerle para siempre. ¡Aleluya!

(Una enferma)

Oración de un enfermo(a) inválido(a)

Señor, nosotros, los enfermos, nos acercamos a ti.

Somos los "inútiles" de la Humanidad. En todas partes estorbamos.

No podemos dar nuestra parte a la economía maltrecha del hogar difícil. Gastamos y consumimos dolorosamente los pobres ahorros en medicinas, en inyecciones, en apresuradas visitas de médicos.

Todos sonríen, nosotros lloramos en silencio.

Todos trabajan; nosotros descansamos forzosamente. Quietud más fatigosa que la misma labor. No podemos levantar la silla que ha caído, ni acudir a la puerta que llaman; ni abrir la ventana al amanecer...

No nos es permitido soñar; ni amar a una mujer (o a un hombre); ni pensar en un hogar; ni acariciar con los dedos de la ilusión las cabecitas de nuestros hijos.

Y, sin embargo, sabemos... que tenemos reservada para nosotros una empresa muy grande: ayudar a los hombres a salvarse, unidos a ti.

Haz, Señor, que comprendamos la sublime fuerza del dolor cristiano. Que conozcamos nuestra vocación y su sentido íntimo.

Recoge, Señor, como un manojo de espigas, en tus manos clavadas, nuestra inutilidad, para que les des una eficacia redentora universal.

La salvación del mundo la has puesto en nuestras almas.

Que no te defraudemos. Amén.

(Manuel Lozano)

Señor, ahora comprendo que la salud es un don tuyo

Señor, comienza un nuevo día, y me hallo toda vía enfermo, entre estas cuatro paredes.

Cuando todo iba bien no sabía yo apreciar la alegría de levantarme de un salto, y de abrir la ventana para que entrase la luz a raudales en mi cuarto.

No apreciaba la felicidad que supone ofrecerte de rodillas mi cuerpo que despertaba, mis ojos, mis brazos, mis piernas, todos mis músculos, y prepararme a una nueva jornada de trabajo.

Ha sido necesaria esta enfermedad, Señor, para hacerme comprender que la salud es un don de tus manos y que yo era un ingrato.

Para reparar mi indiferencia de entonces, te ofrezco mi cuerpo inmovilizado, mi frente calenturienta, mis manos inactivas, quizá mis horas de insomnio, en todo caso, este día tan largo que me espera.

Desde ahora uno mis sufrimientos a los tuyos, por las intenciones... *(se dicen las intenciones particulares).*

Te ofrezco las alegrías que me van a procurar las visitas que espero, sobre todo las visitas de mis familiares, amigos...

Te agradezco todas las atenciones que van a tener conmigo, y de que se ven privados tantos enfermos.

Te ofrezco también esos instantes en que tendré la sensación de estar un poco abandonado, mientras la vida sigue su curso alrededor de mí; haz que sea entonces feliz estando solo contigo. Concédeme en cada instante de este día, fuerza para aceptar sonriendo o al menos sin rebelarme, la prueba del sufrimiento, que yo sea un enfermo fácil de curar; que yo dé buen ejemplo, con mi paciencia, mi delicadeza, mi servicialidad, aun en los momentos en que necesito los servicios de los demás.

Que yo sepa mostrarme sinceramente agradecido.

Y que, de esta manera, me porte como un discípulo tuyo, Señor Jesús, y aun cuando me visite la enfermedad. Amén.

Virgen dolorosa, déjame hablar contigo

Madre dolorosa, déjame hablar contigo, la única a quien yo puedo hablar sin que mi corazón desfallezca.

Madre dulcísima, que ya no puedes nada.

Déjame que te rece, yo el desesperado.

Déjame.
Nada te pido. No quiero pedirte nada.
Ya nada puedo pedirte. Ni a ti ni a nadie.
Ya no tengo confianza de poder conseguir nada
de nadie.
Sólo te pido que me dejes descansar en tus rodillas
y esperar así.
Esperar que mis sienes no golpeen más,
que mi corazón no me haga más daño,
y que mis ojos vuelvan a encontrar sus lágrimas.
Esperar la Fe;
esperar la Esperanza;
esperar la Caridad;
esperar que de nuevo sepa rezarte. Amén.

(P. Doncoeur)

Invocación a Cristo

Cuando el dolor arrecie:
me volveré a Cristo.
Cuando la inyección duela:
clamaré a Cristo.
Cuando la nostalgia golpee:
buscaré a Cristo.
Cuando sobrevenga el miedo:
me refugiaré en Cristo.
Cuando el dolor me venza:
me pondré en la cruz con Cristo.
Cuando no me pueda levantar:

estaré postrado con Cristo.
Cuando pierda una parte de mi cuerpo:
se la ofreceré a Cristo.
Cuando no pueda dormir:
vigilaré con Cristo.
Cuando me duela la cabeza:
pensaré en las espinas de Cristo.
Cuando mi corazón desfallezca: recordaré el corazón
traspasado de Cristo. Cuando mis pies no se muevan:
miraré los pies clavados de Cristo.
Cuando vea correr mi sangre:
me uniré a la flagelación de Cristo.
Cuando viva abandonado:
me abandonaré en la soledad de Cristo.
Cuando me sienta mal atendido: recordaré a los ver-
dugos de Cristo.
Cuando oiga palabras duras:
 recordaré los insultos dirigidos a Cristo.
Cuando me lleven a operar:
me uniré al Vía Crucis de Cristo.
Cuando sienta deseos de llorar: miraré el llanto de
Cristo.
Cuando tenga que lamentarme:
oiré los lamentos de Cristo.
Cuando mi vida decline: abrazaré la cruz con Cristo.
Cuando me sienta morir:
aceptaré morir con Cristo.
Después, quiero estar siempre con Cristo, imitar en
todo a Cristo, y vivir en Él, para siempre.
Amén.

(Hilario S.)

Oración de san Francisco

Señor, haz de mí un instrumento de paz; donde haya odio, que ponga yo amor, donde haya ofensa, que lleve yo perdón, donde haya discordia, que lleve yo unión, donde haya dudas, que ponga yo verdad, donde haya desesperación, que lleve yo esperanza, donde haya tristeza, que ponga yo alegría, donde haya tinieblas, que ponga yo tu luz.

Señor, haz que yo busque consolar más que ser consolado, que trate yo de comprender más que ser comprendido, que busque más amar que ser amado; porque dando, es que se recibe, perdonando se es perdonado y es muriendo que se vive para la vida eterna.

Oración a san Camilo

San Camilo, patrono de los enfermos y modelo de caridad para los que sufren, ayúdame a cargar con paciencia la cruz del sufrimiento. Ayúdame a hacer de ella una ocasión de crecimiento espiritual para mí y de ayuda para la salvación de mis hermanos. Intercede ante Dios para que recupere la salud y al retornar a mis seres queridos pueda emplear otra vez mis fuerzas para conocer, amar y servir a Cristo todos los días de mi vida. Amén.

Cristo, centro de toda mi vida

Como la luz de un farol que se proyecta a lo lejos, iluminando el camino en la oscuridad de la noche,

surge Cristo, como una luz intensa y fulgurante,
iluminando los pasos de todos nosotros.
Si a lo largo de estas páginas
tuve siempre a Cristo en mi mirada,
ahora quiero que sea el centro
de toda mi vida, el amigo de todas mis obras.
Sé que es el amor que nunca desampara,
que está siempre a mi lado,
aunque todo se desmorone
y aparezca, a veces,
que duerme, ajeno a la situación;
él no duerme, sino que mira el grado de fe
y repite en el centro del alma:
"¡Hombre de poca fe!
¿No sabes que estoy siempre a tu lado?
¿Por qué esta ansiedad, este miedo, esta tristeza
y tanto sobresalto?"
Y ordena enseguida que se calme la tempestad,
y surge el arcoíris
en el cielo de esa alma
y lo que se creía perdido
se siente con vida otra vez.
Para demostrar esta realidad,
allí están los hechos.
¿No es cierto
que en la historia de tu enfermedad
pasas por momentos en los que
todo se derrumba a tu alrededor
y te angustias, te martirizas, tienes ansiedad
y desesperas,
pero la paz vuelve a ti

34

cuando recuerdas a Jesús
y a Él te abandonas
como un hijo en brazos de su madre?
Siendo Él siempre el mismo,
ayer, hoy y siempre,
te repite todavía:
"¡Oh! Ustedes que están sobrecargados
y gimen bajo el peso de las
dificultades, vengan a mí que yo seré alivio y ayuda.
No busquen en los hombres su paz,
mas vengan a mí, toquen mi puerta,
insistan siempre.
Había un hombre
que no quería levantarse de la cama
cuando un amigo vino a pedirle pan;
pero el amigo tanto insistió
que obtuvo lo que suplicaba.
Si, pues, ustedes que son malos,
saben dar a sus hijos cosas buenas,
¡cuánto más su Padre, que está en los cielos,
dará cosas buenas a quien se las pida!
Observen cómo crecen los lirios del campo,
no se fatigan ni hilan.
Miren las aves del cielo;
no siembran ni siegan,
ni recogen en graneros
y su Padre celestial las alimenta.
¿No son ustedes más que ellas?"
¡Basta, Jesús!
Entendí la lección.
Ya no me martirizaré más
en mi pena...

Cuando la duda, la inseguridad,
la angustia, la desesperación,
vengan a morir en mi casa,
sabré que tú eres el camino,
la verdad y la vida;
y en ti encontraré siempre
el por qué de mi sufrimiento.

(Hilario S.)

LOS SALMOS: oraciones de los enfermos

SALMO 6: ORACIÓN DEL AFLIGIDO
QUE ACUDE A DIOS

Señor, no me corrijas con ira,
no me castigues con cólera.
Misericordia, Señor, que desfallezco;
cura, Señor, mis huesos dislocados.
Tengo el alma en delirio,
y tú, Señor, ¿hasta cuándo?
Vuélvete, Señor, liberta mi alma,
sálvame por tu misericordia.
Porque en el reino de la muerte nadie te invoca,
y en el abismo, ¿quién te alabará?
Estoy agotado de gemir:
de noche lloro sobre el lecho,
riego mi cama con lágrimas.
Mis ojos se consumen irritados,
envejecen por tantas contradicciones.
Apartaos de mí los malvados,
porque el Señor ha escuchado mis sollozos;

36

el Señor ha aceptado mi oración.
Que la vergüenza abrume a mis enemigos,
que avergonzados huyan al momento.

SALMO 37: **ORACIÓN DE UN PECADOR**
EN PELIGRO DE MUERTE

Señor, no me corrijas con ira,
no me castigues con cólera;
tus flechas se me han clavado,
tu mano pesa sobre mí;

no hay parte ilesa en mi carne
a causa de tu furor,
no tienen descanso mis huesos
a causa de mis pecados;

mis culpas sobrepasan mi cabeza,
son un peso superior a mis fuerzas.

Mis llagas están podridas y supuran
por causa de mi insensatez;
voy encorvado y encogido,
todo el día camino sombrío;

tengo las espaldas ardiendo,
no hay parte ilesa en mi carne;
estoy agotado, deshecho del todo;
rujo con más fuerza que un león.

Señor mío, todas mis ansias están en tu presencia,
no se te ocultan mis gemidos;
siento palpitar mi corazón,

me abandonan las fuerzas,
y me falta hasta la luz de los ojos.

No me abandones, Señor,
Dios mío, no te quedes lejos;
ven aprisa a socorrerme,
Señor mío, mi salvación.

SALMO 38: SÚPLICA DE UN ENFERMO

Señor, dame a conocer mi fin
y cuál es la medida de mis años,
para que comprenda lo caduco que soy.

Me concediste un palmo de vida,
mis días son nada ante ti;
el hombre no dura más que un soplo,
el hombre pasa como pura sombra,
por un soplo se afana,
atesora sin saber para quién.

Y ahora, Señor, ¿qué esperanza me queda?
Tú eres mi confianza.
Líbrame de mis iniquidades,
no me hagas la burla de los necios.

Enmudezco, no abro la boca,
porque eres tú quien lo ha hecho.
Aparta de mí tus golpes,
que el ímpetu de tu mano me acaba.

Escarmientas al hombre
castigando su culpa;

como una polilla roes sus tesoros;
el hombre no es más que un soplo.
Escucha, Señor, mi oración,
haz caso de mis gritos,
no seas sordo a mi llanto;
porque yo soy huésped tuyo,
forastero como todos mis padres.
Aplaca tu ira, dame respiro,
antes de que pase y no exista.

Salmo 87: ORACIÓN DF UN HOMBRE GRAVEMENTE ENFERMO

Señor, Dios mío, de día te pido auxilio,
de noche grito en tu presencia;
llegue hasta ti mi súplica,
inclina tu oído a mi clamor.

Porque mi alma está colmada de desdichas,
y mi vida está al borde del abismo;
ya me cuentan con los que bajan a la fosa,
soy como un inválido.

Tengo mi cama entre los muertos,
como los caídos que yacen en el sepulcro,
de los cuales ya no guardas memoria,
porque fueron arrancados de tu mano.

Me has colocado en lo hondo de la fosa,
en las tinieblas del fondo;
tu cólera pesa sobre mí,
me echas encima todas tus olas.

Has alejado de mí a mis conocidos,
me has hecho repugnante para ellos: encerrado, no
puedo salir,
y los ojos se me nublan de pesar.

Todo el día te estoy invocando,
tendiendo las manos hacia ti.
¿Harás tú maravillas por los muertos?
¿Se alzarán las sombras para darte gracias?

¿Se anuncia en el sepulcro tu misericordia,
o tu fidelidad en el reino de la muerte?
¿Se conocen tus maravillas en la tiniebla
o tu justicia en el país del olvido?

Pero yo te pido auxilio,
por la mañana irá a tu encuentro mi súplica.
¿Por qué, Señor, me rechazas
y me escondes tu rostro?

Desde niño fui desgraciado y enfermo,
me doblo bajo el peso de tus terrores,
pasó sobre mí tu incendio,
tus espantos me han consumido:

me rodean como las aguas todo el día,
me envuelven todos a una;
alejaste de mí amigos y compañeros:
mi compañía son las tinieblas.

Oración para alcanzar una buena muerte

Señor mío Jesucristo. Dios de bondad. Padre
de misericordia: mé presento ante ti con el corazón

humillado y contrito, y te encomiendo mi última hora y lo que después de ella me espera.

Cuando mis pies, perdiendo su movimiento, me adviertan que mi carrera en este mundo está próxima a su fin:

Jesús misericordioso, ten compasión de mí.

Cuando mis manos entorpecidas no puedan ya estrechar el crucifijo:

Jesús misericordioso, ten compasión de mí.

Cuando mis ojos, vidriados por la cercanía de la muerte, fijen en ti sus miradas débiles y moribundas:

Jesús misericordioso, ten compasión de mí.

Cuando mis labios balbucientes pronuncien por última vez tu santísimo nombre:

Jesús misericordioso, ten compasión de mí.

Cuando mis mejillas, pálidas y amoratadas, causen lástima y temor a los presentes, y mis cabellos bañados por el sudor de la muerte anuncien que está cercano el fin:

Jesús misericordioso, ten compasión de mí.

Cuando mis oídos, próximos a cerrarse para siempre a las conversaciones terrenas, se abran para oír tu sentencia irrevocable que fije mi suerte para toda la eternidad:

Jesús misericordioso, ten compasión de mí.

Cuando mi imaginación, agitada por terribles fantasmas, me cause mortales congojas, y mi espíritu perturbado por el temor de tu justicia al recuerdo de mis faltas, luche con el enemigo que quisiera quitarme la esperanza en tu misericordia y precipitarme en la desesperación:

Jesús misericordioso, ten compasión de mí

Cuando mi corazón, débil y oprimido por el dolor de la enfermedad, se vea sobrecogido por el temor de la muerte y fatigado por los esfuerzos hechos contra los enemigos de mi salvación:

Jesús misericordioso, ten compasión de mí

Cuando derrame las últimas lágrimas, síntoma, de mi muerte, recíbelas, Señor, como un sacrificio de expiación, a fin de que yo muera como víctima de penitencia: y en aquel terrible momento:

Jesús misericordioso, ten compasión de mí

Cuando mis parientes y amigos, juntos alrededor de mí y enternecidos por mi penoso estado, imploren tu auxilio en mi favor:

Jesús misericordioso, ten compasión de mí

Cuando, perdido el uso de los sentidos, el mundo desaparezca de mi vista y gima yo entre las angustias de la agonía y los afanes de la muerte:

Jesús misericordioso, ten compasión de mí

Cuando los últimos latidos de mi corazón, apresuren la partida de mi alma, acéptalos, Señor, como expresión de una santa impaciencia de volar a ti, y entonces:

Jesús misericordioso, ten compasión de mí

Cuando mi alma salga para siempre de este mundo, dejando el cuerpo pálido y sin vida, acepta su destrucción como un homenaje que rindo a tu divina Majestad, y en aquella hora:

Jesús misericordioso, ten compasión de mí

En fin, cuando mi alma comparezca ante ti y vea por vez primera el esplendor de tu Majestad, no la arrojes de tu presencia, sino dígnate recibirla en el seno de tu misericordia para que cante eternamente tus alabanzas; y entonces, ahora y siempre:

Jesús misericordioso, ten compasión de mí

Aceptación de la muerte

Dios mío, pienso en el momento próximo y decisivo de mi muerte. Absoluta separación del alma y de todo lo del mundo. Apartado, arrancado de la tierra y arrojado a los pies del Juez infalible...

Todo lo que alegra los sentidos, todo lo que alimenta el orgullo, muere...

Vanidad, riqueza, honores, poder, placeres, fama, etc., amistades, negocios, profesión, todo muere... Sólo queda una cosa: la satisfacción de haber amado a Cristo, de haber amado "en él" a los hombres "sus hermanos", de haberlos amado humildemente, calladamente, hasta la locura de la Cruz...: Sólo eso queda.

(L Chabord).

Señor, acuérdate de mí, en mis últimos momentos

"Acuérdate de mí, Señor, cuando estés en tu Reino", decía el buen ladrón en su última hora.

Acuérdate de mí, Señor, en mis últimos momentos.

Ayúdame en aquella hora por la fuerza de tus armas que son los Sacramentos.

Que desciendan sobre mí las palabras de la absolución.

Que el óleo sagrado me unja y me selle.

Que tu propio Cuerpo me alimente y que tu Sangre divina me lave.

Haz que María, mi Madre dulcísima, se incline sobre mí.

Que mi Ángel de la Guarda musite a mis oídos palabras de paz.

Que mis santos patronos me sonrían.

Con ellos y por sus oraciones, dame, Señor, el don de la perseverancia.

Que, en fin, pueda morir, como he deseado vivir, en tu Fe, en tu Iglesia, en tu servicio y en tu amor. Amén.

(Cardenal Newman)

Señor, te consagro el instante de mi muerte

Jesús mío, agonizante por mí en la Cruz, acuérdate de tu agonía y de tu muerte santísima; te ofrezco, te consagro el instante de mi agonía y de mi muerte y

44

los uno a tu agonía y a tu muerte. Que tu muerte sea mi vida. Amén.

(Pawlowski)

Señor, se acerca el fin: vuelvo a ti

Un instante nomás y mi alma abandonará la tierra, habrá terminado su destierro, habrá concluido su combate. Subo al cielo, toco ya mi patria, en mis manos tengo la victoria. Voy a entrar en la morada de los elegidos, voy a contemplar bellezas jamás soñadas por ojo humano, voy a escuchar armonías que los oídos jamás escucharon, y disfrutar de goces que jamás gustó el corazón del hombre.

(Santa Teresita del Niño Jesús)

La víctima y el altar

"Este lecho es un altar; el altar exige una víctima: aquí estoy. Ofrezco mi vida por la Iglesia, la paz del mundo, la unión de los cristianos.

"El secreto de mi sacerdocio está en el crucifijo que he querido poner frente a mi lecho. Jesús crucificado me mira, y yo le hablo. En las largas y frecuentes conversaciones nocturnas, el pensamiento de la redención del mundo me ha parecido más urgente que nunca. *Hay otras ovejas que no son de este rebaño.*

"Esos brazos extendidos dicen que El ha muerto por todos; a nadie se le niega su amor, su perdón.

"Pero es particularmente el *que sean uno* lo que Cristo ha encomendado como testamento a su Iglesia. La santificación del clero y del pueblo, la unión de los cristianos, la conversión del mundo son por tanto la tarea principal del Papa y de los Obispos.

"No recuerdo haber ofendido a nadie, pero si lo hubiera hecho pido perdón, y si ustedes saben que algún compañero u otra persona no ha recibido edificación de mi actitud, pídanle que me disculpe y me perdone.

"En esta hora extrema me siento tranquilo y estoy seguro de que el Señor por su misericordia, no me rechazará. Aunque indigno, he querido servirle y no he buscado otra cosa que rendir homenaje a la verdad, a la justicia, a la caridad, al *manso y humilde de corazón* del Evangelio.

"Mi jornada terrena acaba; pero Cristo vive y la Iglesia continúa su tarea: las almas, las almas; *que sean uno, que sean uno...*" Amén.

(Juan XXIII)

"Cada hombre que sufre, en virtud de la unión en el amor con Cristo, completa el sufrimiento de Cristo. Así como la Iglesia completa la obra redentora de Cristo". (*El sentido cristiano del sufrimiento humano*, Juan Pablo II)

EL VÍA CRUCIS

Los enfermos y otros que están legítimamente impedidos pueden hacer el Vía Crucis y ganar las indulgencias concedidas:

1. Teniendo en su mano o en cualquier parte de su persona un Crucifijo del Vía Crucis, o sea que se haya bendecido para este propósito.

2. Rezando 20 veces el Padre Nuestro, el Ave María, y el Gloria. Se aconseja meditar en la Pasión y Muerte de Nuestro Señor Jesucristo al decir las oraciones.

Si el estado del enfermo impide que rece estas oraciones, será suficiente besar con contrición o contemplar con devoción el Crucifijo del Vía Crucis y decir alguna pequeña oración en memoria de la Pasión, por ejemplo: "Corazón agonizante de Jesús, ten misericordia de nosotros".

Si hasta esto es imposible, se pueden ganar las indulgencias sólo besando o contemplando el Crucifijo con verdadero dolor.

Oración preparatoria

Señor Jesús, que has recorrido el camino doloroso de la Cruz, regándolo con tu Sangre para borrar mis pecados y demostrarme tu amor, concédeme acompañarte desde mi sufrimiento en este Vía Crucis, con un corazón lleno de arrepentimiento y de agradecimiento. Madre Dolorosa, ayúdame a hacer bien, con atención y devoción, este camino de la Cruz de tu Divino Hijo. Amén.

Jesús es condenado a muerte

También yo condeno a Jesús a muerte por mis pecados. Por tus méritos, Señor, que yo pueda expiarlos y pueda acompañarte con mis sufrimientos al Calvario. No me condenes.

–Pequé, Señor.

–Ten misericordia de mí.

Jesús con la Cruz a cuestas

Jesús acepta y abraza la cruz. Señor, enséñame a aceptar el dolor, a verlo como venido de tu mano para mi salvación. Con mi cruz hasta el cielo.

–Pequé, Señor.

–Ten misericordia de mí.

Jesús cae por primera vez

Señor, pesa tu cruz... son mis pecados por los que padeces. Señor, ahora que la vida me es difícil, y cuando caiga y no pueda más, que tu caída me dé fuerzas para levantarme.

–Pequé, Señor.

–Ten misericordia de mí.

Jesús encuentra a su Santísima Madre

Señor Jesús, que en los días de dolor y tristeza no me falte el encuentro con tu Santísima Madre. La invocaré para que me ayude en mi vía crucis de mi enfermedad. Madre mía, esperanza mía.

–Pequé, Señor.

–Ten misericordia de mí.

El Cirineo ayuda a Jesús a llevar la Cruz

Estaba agotado. No podía seguir. Jesús me llama a llevar la Cruz con Él. Pero cuántas veces me he ne-

gado a ayudarte. Perdóname, Señor; estoy dispuesto a
seguirte. Sé tú mi Cirineo.

–Pequé, Señor.

–Ten misericordia de mí.

SEXTA ESTACIÓN

La Verónica limpia el rostro de Jesús

Señor, premia el valor y la decisión de esta mujer: tu imagen quedó impresa en su lienzo. Que yo
aprenda a ser valiente, a vivir mi fe. Imprime en mi
alma tu santo rostro.

–Pequé, Señor.

–Ten misericordia de mí.

SÉPTIMA ESTACIÓN

Jesús cae por segunda vez

Es dura la subida al Calvario, como la vida. Mis
caídas son muchas. Me ha traicionado el orgullo, el
egoísmo, la pereza... Señor, dame constancia en mi
camino.

–Pequé, Señor.

–Ten misericordia de mí.

Jesús consuela a las piadosas mujeres

Jesús, miro tu ejemplo, es necesario que llore mis pecados y después tus sufrimientos. Dame la gracia a mí, Señor, de una verdadera conversión y de una verdadera penitencia.

–Pequé, Señor.

–Ten misericordia de mí.

Jesús cae por tercera vez

Cristo en tierra, tirado. Sigue hoy tirado en los pobres, en los enfermos... Señor, quiero ayudar a levantarte. Dame fuerza, soy inconstante, me falta la fe. Tenme compasión.

–Pequé, Señor.

–Ten misericordia de mí.

Jesús es despojado de sus vestiduras

Jesús despojado. Jesús solo. Padece por mí y lo sigue padeciendo en sus pobres. Señor, que sepa despojarme del egoísmo, de la sensualidad y de todo afecto pecaminoso. Sólo tú me bastas.

–Pequé, Señor.

–Ten misericordia de mí.

Jesús es clavado en la Cruz

El martillo golpea, los clavos traspasan tus manos y pies. Señor, perdona mis pecados e imprime en mi corazón tus santas llagas.

–Pequé, Señor.

–Ten misericordia de mí.

Jesús muere en la Cruz

"Todo se ha cumplido". Me dejas tu perdón y tu santa Madre. Y yo sigo pecando. Señor, por los méritos de tu Pasión y Muerte, por tu sacrificio que se renueva todos los días en los altares, hazme participar de tu divina Redención. Resucítame.

–Pequé, Señor.

–Ten misericordia de mí.

Jesús en los brazos de María Santísima

Por fin lo han matado, cruelmente, con saña. María recibe en sus brazos el cuerpo de su Hijo. Virgen Santísima, alcánzame la gracia para que Cristo no vuelva a sufrir más por mis pecados. Madre, te confío mi última hora. Recíbeme.

–Pequé, Señor.

–Ten misericordia de mí.

Jesús es puesto en el sepulcro

Jesús baja al sepulcro para darme la vida. Señor, haz que lleve con fidelidad mi cruz, para poder participar de tu gloriosa Resurrección y en tu Corazón descanse.

–Pequé, Señor.

–Ten misericordia de mí.

Oración final

Señor Jesús, acabo de recorrer tu camino doloroso. Para mí, el camino de la cruz es mi enfermedad, es mi sufrimiento de todos los días. Tú me has salvado por la cruz. Haz que yo te ame mucho, para que desde mi situación de enfermo, sea fiel a tu pasión y muerte, para que jamás me separe de ti por el pecado. Te lo pido por los dolores de tu Madre la Virgen María. Amén.

Jesús nos dice: "Quien quiera venir tras de mí, cargue con su cruz cada día y me siga" (Lucas 14, 27)

II

ORACIONES DE CADA DÍA

1. ORACIONES DE LA MAÑANA

La señal de la Cruz

Por la señal † de la santa Cruz, de nuestros † enemigos, líbranos † Señor Dios nuestro. En el nombre del Padre, † y del Hijo y del Espíritu Santo. Amén.

El Padre nuestro

Padre nuestro, que estás en el cielo, santificado sea tu Nombre; venga a nosotros tu reino; hágase tu voluntad en la tierra como en el cielo. Danos hoy nuestro pan de cada día; perdona nuestras ofensas, como también nosotros perdonamos a los que nos ofenden; no nos dejes caer en la tentación, y líbranos del mal.

El Ave María

Dios te salve, María, llena eres de gracia, el Señor es contigo, bendita tú eres entre todas las mujeres, y bendito es el fruto de tu vientre, Jesús.

Santa María, Madre de Dios, ruega por nosotros pecadores, ahora y en la hora de nuestra muerte. Amén.

El Gloria

Gloria al Padre, y al Hijo, y al Espíritu Santo. Como era en el principio, ahora y siempre, por los siglos de los siglos. Amén.

El Credo

Creo en un solo Dios, Padre todopoderoso, Creador del cielo y de la tierra, de todo lo visible y lo invisible. Creo en un solo Señor, Jesucristo, Hijo único de Dios, nacido del Padre antes de todos los siglos: Dios de Dios, Luz de Luz, Dios verdadero de Dios verdadero, engendrado, no creado, de la misma naturaleza del Padre, por quien todo fue hecho; que por nosotros, los hombres, y por nuestra salvación bajó del cielo, y por obra del Espíritu Santo se encarnó de María, la Virgen, y se hizo hombre; y por nuestra causa fue crucificado en tiempos de Poncio Pilato, padeció y fue sepultado, y resucitó al tercer día, según las Escrituras, y subió al cielo, y está sentado a la derecha del Padre; y de nuevo vendrá con gloria para juzgar a vivos y muertos, y su reino no tendrá fin. Creo en el Espíritu Santo, Señor y dador de vida, que procede del Padre y del Hijo, que con el Padre y el Hijo recibe una misma adoración y gloria, y que habló por los profetas. Creo en la Iglesia, que es una, santa, católica y apostólica. Confieso que hay un solo bautismo para el perdón de los pecados. Espero la resurrección de los muertos y la vida del mundo futuro. Amén.

Ofrecimiento a la Virgen

Bendita sea tu pureza
y eternamente lo sea;
pues todo un Dios se recrea
en tan graciosa belleza.
A ti, celestial Princesa,
Virgen Sagrada, María,
yo te ofrezco en este día
alma, vida y corazón.
Mírame con compasión;
no me dejes, Madre mía.

Al Ángel de la Guarda

Ángel de Dios, que eres mi custodio, pues la bondad divina me ha encomendado a ti ilumíname, dirígeme, guárdame. Amén.

Para pasar bien el día

Querida y tierna Madre mía, María, ampárame; cuida de mi inteligencia, de mi corazón, de mis sentidos, para que nunca cometa el pecado. Santifica mis pensamientos, afectos, palabras y acciones, para que pueda agradar a ti y a tu Jesús y Dios mío, y contigo llegue al Paraíso. Jesús y María, denme su santa bendición: En el nombre del Padre, † y del Hijo, y del Espíritu Santo. Amén.

2. ORACIONES DURANTE EL DÍA

Ofrecimiento de las obras al Sagrado Corazón

Señor Jesús, por el Corazón Inmaculado de María, Madre nuestra, me consagro a tu Corazón y contigo al Padre, mediante el Espíritu Santo, en tu Santo Sacrificio del Altar, con mi oración y mi trabajo, sufrimientos y alegrías de hoy, en reparación por nuestros pecados. Y para que venga a nosotros tu reino. Te pido en especial por el Papa, y las intenciones que ha confiado este mes al Apostolado de la Oración. Amén.

Aceptación de la voluntad divina

Padre,
me pongo en tus manos.
Haz de mí lo que quieras.
Sea lo que fuere, por ello te doy gracias.
Estoy dispuesto a todo.
Lo acepto todo, con tal de que se cumpla
tu voluntad en mí y en todas tus creaturas.
No deseo nada más,
Padre.
Te encomiendo mi alma, te la entrego
con todo el amor de que soy capaz,
porque te amo, y necesito darme,
ponerme en tus manos sin medida,
porque Tú eres mi Padre.

(Carlos de Foucauld)

Consagración a Nuestra Señora

Señora y Madre mía. Yo me ofrezco todo a ti; y en prueba de mi filial afecto te consagro en este día: mis ojos, mis oídos, mi lengua, mi corazón; en una palabra, todo mi ser. Ya que soy todo tuyo, Madre de bondad, guárdame y defiéndeme como cosa y posesión tuya. Amén.

La Salve

Dios te salve, Reina y Madre de misericordia, vida, dulzura y esperanza nuestra; Dios te salve. A ti llamamos los desterrados hijos de Eva; a ti suspiramos, gimiendo y llorando en este valle de lágrimas. Ea, pues, Señora, abogada nuestra, vuelve a nosotros esos tus ojos misericordiosos; y después de este destierro muéstranos a Jesús, fruto bendito de tu vientre. ¡Oh clemente, oh piadosa, oh dulce Virgen María! Ruega por nosotros, Santa Madre de Dios, para que seamos dignos de alcanzar las promesas de Nuestro Señor Jesucristo. Amén.

Oración a la Virgen en las necesidades

Acuérdate, piadosa Virgen María, que jamás se ha oído decir que uno solo de cuantos han acudido a tu protección e implorando tu ayuda haya sido abandonado. Animado con esta confianza, yo también vengo a ti, Madre, Virgen de las vírgenes; me postro a tus pies sollozando y pidiendo.

Madre del Verbo, no desprecies mis súplicas, antes bien óyeme y atiéndeme benignamente. Amén.

Comunión espiritual

Creo, Señor Jesús, que estás presente en el Santísimo Sacramento. Me pesa de verdad haberte ofendido. Te amo sobre todas las cosas, y deseo con ardor recibirte, pero ya que no puedo hacerlo ahora sacramentalmente, ven al menos espiritualmente a mi corazón. Quédate conmigo y no permitas que jamás me aparte de ti.

El Angelus

–El ángel del Señor anunció a María;

–*Y concibió por obra del Espíritu Santo.*

Dios te salve María...

–*He aquí la esclava del Señor;*

Hágase en mí según tu palabra.

Dios te salve María...

–El Verbo se hizo hombre;

–*Y habitó entre nosotros.*

Dios te salve María...

–Ruega por nosotros, Santa Madre de Dios;

–*Para que seamos dignos de alcanzar las promesas de Jesucristo.*

Oración

Derrama, Señor, tu gracia sobre nuestros corazones; para que quienes hemos conocido por el anuncio del Ángel la Encarnación de tu Hijo Jesucristo, lleguemos, por su pasión y cruz, a la gloria de la resurrección. Por Jesucristo nuestro Señor. Amén.

Regina coeli

Oración que se dice en el tiempo Pascual

–Reina del cielo, alégrate, aleluya.

–Porque el que mereciste llevar en tu seno, aleluya.

–Resucitó según lo predijo, aleluya.

–Ruega por nosotros a Dios, aleluya.

–Alégrate, Virgen María, aleluya.

–Porque el Señor realmente ha resucitado, aleluya.

Oración

Oh Dios, que te has dignado alegrar al mundo con la resurrección de tu Hijo Jesucristo, te rogamos nos concedas que por la intercesión de su Madre, la Virgen María, alcancemos la felicidad de la vida eterna. Por el mismo Cristo nuestro Señor. Amén.

Bendición de los alimentos

Antes de comer. En el nombre del Padre † y del Hijo y del Espíritu Santo. Amén.

Bendice, Señor, los alimentos que voy a tomar y haz que me aprovechen para ocuparme en tu santo servicio. Amén.

Después de comer. En el nombre del Padre † y del Hijo y del Espíritu Santo. Amén.

Te doy gracias, Señor, por todos los beneficios que he recibido de tus manos, por Jesucristo nuestro Señor. Amén.

Programa del día

¿Yo para que nací? ¡Para salvarme!

Que tengo que morir, es infalible.

Dejar de ver a Dios y condenarme, triste cosa será, pero posible.

¿Posible, y río y duermo y quiero holgarme? ¿Posible, y tengo amor a lo visible?

¿Qué hago?, ¿en qué me ocupo?, ¿en qué me encanto?

¡Loco debo de ser, pues no soy santo!

(Fray Pedro de los Reyes)

3. ORACIONES DE LA NOCHE

La señal de la Cruz

Por la señal † de la santa Cruz, de nuestros † enemigos, líbranos † Señor Dios nuestro. En el nombre del Padre, † y del Hijo, y del Espíritu Santo. Amén.

Oración de agradecimiento

Te adoro, Dios mío, y te amo de todo corazón. Te doy gracias por haberme creado, hecho cristiano y conservado durante el día. Perdóname el mal que hoy he cometido y acepta el bien que haya podido hacer. Protégeme durante el sueño y líbrame de todo peligro. Tu santa gracia me acompañe siempre y con todos mis seres queridos. Amén.

El Padre nuestro

Padre nuestro, que estás en el cielo, santificado sea tu Nombre; venga a nosotros tu reino; hágase tu voluntad en la tierra como en el cielo. Danos hoy nuestro pan de cada día; perdona nuestras ofensas, como también nosotros perdonamos a los que nos ofenden; no nos dejes caer en la tentación, y líbranos del mal.

El Ave María

Dios te salve, María, llena eres de gracia, el Señor es contigo; bendita tú eres entre todas las mujeres, y bendito es el fruto de tu vientre Jesús.

Santa María, Madre de Dios, ruega por nosotros pecadores, ahora y en la hora de nuestra muerte. Amén.

El Gloria

Gloria al Padre, y al Hijo, y al Espíritu Santo. Como era en el principio, ahora y siempre, por los siglos de los siglos. Amén.

Examen de conciencia

Cada día, antes de dormirte, agradece al Señor el bien que has podido hacer con su ayuda y examínate sobre estos puntos fundamentales de tu vida cristiana:

Jesús te dice:

1. Amarás al Señor, tu Dios, con todo tu corazón...

2. Amaos los unos a los otros como yo os he amado...

3. Sed perfectos como es perfecto vuestro Padre celestial...

Y ahora como enfermo:

1. ¿Recibo la enfermedad y los dolores como una ocasión de sufrir con Cristo, que me redimió con su pasión?

2. ¿Creo y aprovecho el sublime valor del sufrimiento para mi salvación y la del mundo?

3. ¿Soy agradecido con los que me cuidan y me visitan?

4. ¿Me arrepiento de los pecados y soporto pacientemente mi enfermedad o debilidad en expiación de los mismos?

Ahora pide perdón al Señor de tus faltas.

Acto de contrición

Señor mío Jesucristo, Dios y Hombre verdadero, Creador, Padre y Redentor mío; por ser tú quien eres, bondad infinita, y porque te amo sobre todas las cosas, me pesa de todo corazón haberte ofendido; también me pesa porque puedes castigarme con las penas del infierno. Te ofrezco mis sufrimientos como expiación de mis pecados, propongo confesarme y cumplir la penitencia que me sea impuesta; ayudado de tu gracia propongo firmemente no pecar más y evitar las ocasiones próximas de pecado. Amén.

Oración para la habitación

Te suplico, Señor, que visites esta habitación, y alejes de ella todas las acechanzas del enemigo. Habiten en ella tus santos ángeles, que me guarden en paz, y tu santa bendición esté siempre sobre mí.

Jesús, José y María, os doy el corazón y el alma mía.

Jesús, José y María, asistidme en mi última agonía.

Jesús, José y María, con vosotros descanse en paz el alma mía.

Ángel de mi Guarda, velad por mí.

Dales, Señor, el descanso eterno. Y la luz perpetua los alumbre. Descansen en paz. Amén.

Que las almas de todos los fieles difuntos, por la misericordia de Dios, descansen en paz. Amén.

"Santa María, Estrella del Mar, vigía y consuelo de la noche, guía mi rumbo".

LA CONFESIÓN
Y LA COMUNIÓN

Estás enfermo. No temas llamar a un sacerdote. El Señor te acompaña en este tiempo de tu enfermedad. Es tiempo de reflexionar y de purificar tu vida. No temas abrir tu corazón al Señor. El Señor llama a tu vida, no dejes pasar el momento: confiésate y comulga.

"No temas hacer llamar a un sacerdote. El es ministro del Señor y servidor de tu Fe. Te ayudará y simplificará todo lo que ahora estás pensando: que ya no sé cómo se hace.... que hace tanto tiempo que no lo hago...".

EL SACRAMENTO
DE LA CONFESIÓN

Confesión general

Yo confieso ante Dios todopoderoso
y ante vosotros, hermanos,
que he pecado mucho
de pensamiento, palabra, obra y omisión;
por mi culpa, por mi culpa, por mi gran culpa.
Por eso ruego a santa María, siempre Virgen, a los
ángeles, a los santos y a vosotros, hermanos,
que intercedáis por mí ante Dios, nuestro Señor.

Señor, ayúdame a conocer mis pecados

Dios mío, heme aquí de nuevo con el ánimo de
recibir el Sacramento de la Penitencia. Bajo tu mirada
voy a examinar mi conciencia...

Dame tu luz para ver mis pecados y tu gracia para
que me acerque con toda confianza al sacerdote que
es tu representante...

Ayúdame a conocer bien mis pecados y a encontrar
en lo posible la causa...

Haz que los deteste sinceramente y que me
corrija...

Virgen María, concédeme ser sincero en mi
confesión y renacer a la gracia de una manera más
generosa y entusiasta. Amén.

Examen de conciencia

COMIENZA PREGUNTÁNDOTE:

¿Cuánto hace que me confesé? ¿Con qué actitud interior me acerco al Sacramento de la Penitencia? ¿Olvidé decir algunos pecados en mis confesiones anteriores o callé algunos voluntariamente? ¿Cumplí la penitencia impuesta?

AHORA EXAMÍNATE A LA LUZ DE LA PALABRA DE DIOS

1. El Señor me dice: *"Amarás al Señor tu Dios con todo tu corazón".*

¿Amo a Dios sobre todas las cosas? ¿O he confiado más en las riquezas, las supersticiones, el espiritismo, los horóscopos, la magia? ¿Tengo intención recta en mis acciones? ¿Soy hijo fiel de la Iglesia? ¿Conozco mi religión? ¿Vivo privada y públicamente mi fe? ¿Rezo con frecuencia? ¿Ofrezco a Dios los trabajos, alegrías y sufrimientos? ¿Acudo a Dios en las tentaciones? ¿Reniego de mi vida? ¿Ofendo a Dios con juramentos falsos? ¿Santifico el domingo y días festivos de la Iglesia? ¿Cumplo con el precepto anual de la Confesión y de la Comunión en la Pascua?

2. El Señor me dice: *"Ámense los unos a los otros como yo los he amado".*

a) ¿Contribuyo al bien y a la alegría de mis familiares, mediante la paciencia y el amor sincero?

¿Soy obediente a mis padres; los respeto y ayudo en lo material y espiritual? ¿Me preocupo por educar cristianamente a mis hijos y les doy buen ejemplo? ¿Soy fiel a mi cónyuge, en mis deseos y relaciones con los demás? ¿Obedezco a la legítima autoridad? ¿Utilizo el cargo o la autoridad que tengo para servir a los demás o lo uso en mi provecho? ¿Participo en la renovación espiritual y moral en los cargos públicos? ¿Cumplo con los deberes cívicos?

b) ¿He causado daño a la vida, la integridad física, la fama, la honra o a los bienes de los demás? ¿He reparado esos daños? ¿He odiado al prójimo? ¿He tenido pleitos, enemistades, insultos o ira con los demás? ¿He ayudado a los más pobres, o desprecio al prójimo? ¿He perdonado a quien me ofendió, guardo odio y deseos de venganza? ¿Trabajo en la justicia, en las buenas costumbres, en la concordia y caridad en la sociedad?

c) ¿He guardado mis sentimientos y todo mi cuerpo en pudor y castidad, como Templo del Espíritu Santo? ¿He aceptado voluntariamente malos pensamientos, deseos, actos no de acuerdo con la dignidad de mi cuerpo? ¿Leí o vi lecturas o espectáculos o diversiones contrarias a la honestidad humana y cristiana? ¿Incité al mal a otros con mis palabras y actos? ¿He observado la ley moral con el uso del matrimonio o por el contrario, he evitado los hijos por medios prohibidos, o procurado algún aborto?

d) ¿He robado o dañado, o deseado injusta y desordenadamente los bienes del prójimo? ¿Traté de restituir lo ajeno y reparar el daño? ¿He sido justo, responsable y honesto en mi trabajo? ¿He pagado el salario justo a los trabajadores? ¿He cumplido los contratos? ¿He pagado los impuestos?

e) ¿He perjudicado a los demás con palabras falsas, calumnias, juicios temerarios, violaciones del secreto?

Como enfermo:

¿Confío en la bondad y providencia de Dios, incluso en los días de aflicción y de enfermedad? ¿Me entrego a la tristeza, a la desesperación y a otros pensamientos y afectos malos? ¿Recibo la enfermedad y los dolores como una ocasión de sufrir con Cristo, que nos redimió con su pasión? ¿Estoy convencido, viviendo de la fe, de que los dolores soportados con paciencia hacen mucho bien a la Iglesia? ¿Soy atento con los demás y respeto a los otros pacientes y a sus necesidades? ¿Soy agradecido a los que me cuidan y me visitan? ¿Trato de dar buen ejemplo, como conviene a un fiel cristiano? ¿Me arrepiento de los pecados pasados y soporto pacientemente mi enfermedad o debilidad en expiación de los mismos?

Oración para pedir el arrepentimiento

Absuélveme, Señor, de todos mis pecados. Concédeme el perdón de mis culpas, para que te sirva con espíritu libre.

CONFESIÓN INDIVIDUAL

I. Saludo

EL FIEL SE SANTIGUA DICIENDO:

En el nombre del Padre, † y del Hijo y del Espíritu Santo. Amén.

EL SACERDOTE INVITA AL PENITENTE A PONER SU CONFIANZA EN DIOS:

Que Dios te conceda reconocer tus pecados y confiar en su misericordia.

II. Lectura de la Palabra de Dios

OPCIONAL. EL SACERDOTE O EL FIEL, LEE ALGÚN TEXTO APROPIADO DE LA PALABRA DE DIOS. POR EJEMPLO:

"Jesús comenzó en Galilea a proclamar el Evangelio de Dios diciendo: El Reino de Dios está cerca; conviértanse y crean en el Evangelio" (Marcos 1,15).

O BIEN:

"Escucha al Señor que nos dice: Si perdonas a los demás sus culpas, también tu Padre del cielo te perdonará... pero si no perdonas, tampoco el Padre celestial te perdonará" (*Cfr*. Mateo 6,14-15).

III. Confesión

EL PENITENTE SE ACUSA DE SUS PECADOS. AL TERMINAR LA CONFESIÓN DE LOS PECADOS, EL SACERDOTE LE PROPONE UNA OBRA DE PENITENCIA

72

QUE EL PENITENTE ACEPTA COMO SATISFACCIÓN POR SUS PECADOS Y
PARA ENMIENDA DE SU VIDA.

IV. *Oración del penitente*

EL PENITENTE MANIFIESTA SU ARREPENTIMIENTO Y SU PROPÓSITO DI-
CIENDO:

Jesucristo, mi Dios y mi Salvador: yo me arrepiento de corazón de todos los pecados que he cometido, porque con ellos ofendí a un Dios tan bueno.
Propongo firmemente no volver a pecar.

Confío en que me perdonarás mis culpas y me llevarás a la vida eterna, porque eres bueno. Amén.

O BIEN:

Misericordia, Dios mío, por tu bondad; por tu inmensa compasión borra mi culpa; lava mi delito; limpia mi pecado (Salmo 50, 3-4).

V. *Absolución*

EL SACERDOTE DICE:

Dios Padre misericordioso, que reconcilió al mundo consigo por la muerte y la resurrección de su Hijo,
y envió al Espíritu Santo para el perdón de los pecados, te conceda, por el ministerio de la Iglesia, el
perdón y la paz.

Y YO TE ABSUELVO DE TUS PECADOS EN EL NOM-
BRE DEL PADRE, † Y DEL HIJO Y DEL ESPÍRITU SANTO.

Amén.

VI. *Alabanza a Dios y despedida*

EL PENITENTE RECONOCE LA MISERICORDIA DE DIOS Y LE DA LAS
GRACIAS. LUEGO EL SACERDOTE LO DESPIDE EN PAZ.

Dad gracias al Señor, porque es bueno.

Porque es eterna su misericordia.

El Señor tc ha perdonado tus pecados, vete en paz
y no vuelvas a pecar.

Amén.

COMO ACCIÓN DE GRACIAS Y DESPEDIDA, EL SACERDOTE DICE:

La pasión de nuestro Señor Jesucristo, la
intercesión de la Santísima Virgen María y de todos
los santos, tus buenas obras y tus sufrimientos te
sirvan para remedio de tus pecados, aumento de gracia
y recompensa de vida eterna. Vete en paz. Amén.

ACCIÓN DE GRACIAS DESPUÉS
DE LA CONFESIÓN

SEÑOR MÍO JESUCRISTO

Señor mío Jesucristo, Dios y Hombre verdadero,
Creador, Padre y Redentor mío; por ser tú quien
eres, bondad infinita, y porque te amo sobre todas

las cosas, me pesa de todo corazón haberte ofendido; también me pesa porque puedes castigarme con las penas del infierno. Te ofrezco mis sufrimientos como expiación de mis pecados, propongo confesarme y cumplir la penitencia que me sea impuesta; ayudado de tu gracia propongo firmemente no pecar más y evitar las ocasiones próximas de pecado. Amén.

Oración a Jesús después de la Confesión

Qué grande es tu misericordia, Señor. Tú me has abrazado como tu hijo y me has colmado de tu amor.

Te agradezco, Señor, y te prometo con la ayuda de tu gracia, amarte cada vez más y no separarme jamás de ti.

Jesús bondadoso, concédeme que me mantenga fiel hasta el final. Haz que yo siempre desee y busque lo que a ti te agrada. Que tu voluntad sea la mía, y la mía siga siempre a la tuya y que siempre esté de acuerdo completamente.

Virgen Santísima, ayúdame: tú eres la Madre de la perseverancia, tú eres la razón de mi esperanza. Intercede por mí: guárdame en la gracia de Dios, limpio y feliz, como lo estoy en estos momentos. Cuida de mis sentidos, de mi mente, y que mi corazón sea fiel a Dios hasta mi muerte. Amén.

No me mueve mi Dios

No me mueve, mi Dios, para quererte, el cielo que me tienes prometido;

ni me mueve el infierno tan temido
para dejar por eso de ofenderte.

Tú me mueves, Señor; muéveme el verte clavado
en una cruz y escarnecido; muéveme el ver tu pecho
tan herido; muévenme tus afrentas y tu muerte.

Muéveme, en fin, tu amor, en tal manera, que
aunque no hubiera cielo, yo te amara, y aunque no
hubiera infierno, te temiera.

No me tienes que dar porque te quiera, porque,
aunque lo que espero no esperara, lo mismo que te
quiero te quisiera.

(Fray Miguel de Guevara, O.S.A.)

**"Gracias al amor y misericordia de
Cristo, no hay pecado por grande que
sea que no pueda ser perdonado; no
hay pecador que sea rechazado. Toda
persona que se arrepienta será recibida
por Jesucristo con perdón y con amor
inmenso" (Juan Pablo II)**

EL SACRAMENTO
DE LA COMUNIÓN

ORACIONES PARA ANTES DE LA COMUNIÓN

Preparación para la Comunión

Aquí me llego, todopoderoso y Eterno Dios, al Sacramento de tu Unigénito Hijo, mi Señor Jesucristo, como enfermo al médico de la vida, como manchado a la fuente de la misericordia, como ciego a la luz de la eterna claridad, como pobre al Señor del cielo y tierra, como desvalido al Rey de la gloria.

Ruego, pues, Señor, a tu infinita bondad y misericordia, que tengas a bien sanar mi enfermedad, limpiar mis manchas, alumbrar mi ceguera, enriquecer mi pobreza, vestir mi desnudez, para que así pueda yo recibir el Pan de los Ángeles, el Rey de los Reyes y Señor de los dominios, con tanta reverencia y humildad, con tanta contrición y afecto, con tanta pureza y fe, con tal propósito e intención, cual conviene para la salud de mi alma.

Concédeme, te ruego, recibir no sólo el Sacramento del Cuerpo y Sangre del Señor, sino también la gracia y virtud del Sacramento. Oh Dios de bondad, concédeme de tal manera recibir el Cuerpo que tu Unigénito Hijo, tomó de la Virgen María, que merezca ser incorporado a su Cuerpo Místico y contado entre sus miembros.

Concédeme, Padre mío, que a este tu amado Hijo, al cual ahora en mi vida mortal me propongo recibir encubierto bajo el velo del Sacramento, logre yo contemplarlo cara a cara en el cielo donde contigo vive y reina por los siglos de los siglos. Amén.

(Santo Tomás de Aquino)

Oración preparatoria
por intercesión de la Virgen

Dios mío, que por la Inmaculada Concepción de la Virgen preparaste a tu Hijo digna morada: te ruego que, así como por previsión de la muerte de tu mismo Hijo preservaste a nuestra Madre de toda mancha, así por su intercesión me concedas llegar limpio a recibir a tu Hijo, que vive y reina contigo en la unidad del Espíritu Santo y es Dios por los siglos de los siglos. Amén.

Oración para antes de Comulgar

Señor Jesucristo, la comunión de tu Cuerpo y de tu Sangre no sea para mí un motivo de juicio y condenación, sino que, por tu piedad, me aproveche para defensa de alma y cuerpo y como remedio saludable.

ACCIÓN DE GRACIAS
DESPUÉS DE LA COMUNIÓN

A Jesucristo Crucificado

Mírame, mi amado y buen Jesús, postrado en tu presencia. Te ruego con el mayor fervor imprimas en mí vivos sentimientos de fe, esperanza y caridad; verdadero dolor de mis pecados y propósito firmísimo de jamás ofenderte; mientras yo, con todo el amor y compasión de que soy capaz, contemplo tus cinco llagas, viendo lo que ya decía por ti el profeta David: "Han taladrado mis manos y mis pies y se pueden contar todos mis huesos".

Alma de Cristo

Alma de Cristo, santifícame.
Cuerpo de Cristo, sálvame.
Sangre de Cristo, embriágame.
Agua del costado de Cristo, lávame.
Pasión de Cristo, confórtame.
Oh buen Jesús, óyeme.
Dentro de tus llagas, escóndeme.
No permitas, que me aparte de ti.
Del maligno enemigo, defiéndeme.
En la hora de mi muerte, llámame,
y mándame, ir a ti,
para que con tus santos, te alabe,
por los siglos de los siglos. Amén.

Oración de san Ignacio de Loyola

Toma, Señor y recibe toda mi libertad, mi memoria, mi entendimiento y toda mi voluntad; todo mi haber y mi poseer; Tú me lo diste, a ti Señor, lo devuelvo; todo es tuyo: dispón según tu voluntad. Dame tu amor y gracia, que esto me basta.

Señor, si tú quieres, puedes curarme

Señor Jesús, amigo mío;
ahora que he comulgado,
tu Cuerpo está en mi cuerpo,
tu Sangre está en mi sangre
y tu Vida está en mi vida.
Todo eso me lo enseña la Fe
y lo experimento en mí mismo,
en la paz nueva,
en la alegría interior
y en una Esperanza fuerte.
La Comunión de tu Cuerpo y de tu Sangre
me ha abierto el corazón hacia los demás;
me hace más fácil compartir mi enfermedad
con otros enfermos;
me ayuda a sentirme agradecido
para con quienes me cuidan y me rodean;
aumenta mi capacidad de paciencia
y me hace más agradecido con todos.
¡Se ha roto mi rebeldía,
se ha quebrado mi soledad,
se ha disipado mi tristeza!

¡Gracias, Señor Jesús, amigo mío,
Salvador mío!
Desde esta confianza inmensa,
que tú mismo pusiste en mí,
quiero clamarte
como los enfermos del Evangelio:
"¡Señor, si tú quieres, puedes curarme!"
"Tengo Fe, pero, aumenta mi Fe".

Mi acción de gracias, por lo que te pido
será una VIDA NUEVA.
Una vida en que tú y tu Evangelio
ocupan el lugar que les corresponde: el primero.
Una vida de más amor y servicio;
de más positiva presencia
y acción en mi familia;
de más apertura a las obras buenas
y de búsqueda incesante de la verdad y el bien.

Te lo pido unido a la Virgen,
Madre tuya y Madre mía.
"¡Señor, si tú quieres, puedes curarme!"
Amén.

(E. Juan T.)

**"El llamamiento a la conversión
y arrepentimiento viene de Cristo
y nos lleva siempre de nuevo a Cristo
en la Eucaristía" (Juan Pablo II)**

VERDADES CRISTIANAS
PARA RECORDAR SIEMPRE

Los principales misterios de nuestra fe:

1. Hay un solo Dios en tres personas: Padre, Hijo y Espíritu Santo.

2. El Hijo, permaneciendo verdadero Dios, se hizo también verdadero hombre, se llamó Jesucristo, y como hombre sufrió y murió para redimirnos de nuestros pecados.

**El Mandamiento de Jesús,
Señal del Cristiano:**

Dice Jesús:

"Les doy este mandamiento nuevo: que se amen unos a otros como Yo los he amado. En esto reconocerán todos que ustedes son mis discípulos: si se aman unos a otros" (Juan 13, 34-35).

Los Mandamientos de la Ley de Dios:

1. Amarás a Dios sobre todas las cosas.
2. No nombrarás a Dios en vano.
3. Acuérdate de santificar las fiestas.
4. Honra a tu padre y a tu madre.
5. No matarás.
6. No cometerás acciones impuras.
7. No robarás.
8. No mentirás.

9. No desearás la mujer de otro.

10. No desearás los bienes ajenos.

Estos diez mandamientos se encierran en dos: Amar a Dios sobre todas las cosas y al prójimo como a sí mismo (Éxodo 20, 1-17; Deuteronomio 5,6-21).

Las Bienaventuranzas:

Bienaventurados los pobres de espíritu, porque de ellos es el Reino de los cielos.

Bienaventurados los sufridos, porque ellos heredarán la tierra prometida.

Bienaventurados los que lloran, porque ellos serán consolados.

Bienaventurados los que tienen hambre y sed de salvación, porque ellos quedarán saciados.

Bienaventurados los misericordiosos, porque ellos alcanzarán misericordia.

Bienaventurados los limpios de corazón, porque ellos verán a Dios.

Bienaventurados los que trabajan por la paz, porque ellos se llamarán "los Hijos de Dios".

Bienaventurados los perseguidos por causa de la justicia, porque de ellos es el Reino de los cielos.

(Mateo 5, 3-10; Lucas 6,20-26).

Las Obras de Misericordia:

Con esta tradicional denominación se expresan diversos modos con que el cristiano puede ejercitar la caridad (Mateo 25, 31-46). Las principales obras de Misericordia son catorce: Siete Espirituales y Siete Corporales.

Las Espirituales son:
1. Enseñar al que no sabe.
2. Dar buen consejo al que lo necesita.
3. Corregir al que yerra.
4. Perdonar las injurias.
5. Consolar al triste.
6. Soportar los defectos del prójimo.
7. Rogar a Dios por los vivos y difuntos.

Las Corporales son:
1. Visitar y cuidar a los enfermos.
2. Dar de comer al hambriento.
3. Dar de beber al sediento.
4. Dar posada al peregrino.
5. Vestir al desnudo.
6. Visitar a los presos.
7. Enterrar a los muertos.

Los Mandamientos de la Iglesia:
1. Oír Misa entera todos los domingos y fiestas de guardar.
2. Confesar los pecados mortales al menos una vez al año, y en peligro de muerte y si se ha de comulgar.

3. Comulgar por Pascua de Resurrección.
4. Ayunar y abstenerse de comer carne cuando lo manda la Santa Madre Iglesia.
5. Ayudar a la Iglesia en sus necesidades.

Los Sacramentos:

1. Bautismo.
2. Confirmación.
3. Reconciliación.
4. Eucaristía.
5. Unción de los enfermos.
6. Orden sagrado.
7. Matrimonio.

Los Dones del Espíritu Santo:

1. Sabiduría.
2. Entendimiento.
3. Consejo.
4. Fortaleza.
5. Ciencia.
6. Piedad.
7. Temor de Dios.

Las Virtudes teologales:

1. Fe.
2. Esperanza.
3. Caridad.

Las Virtudes cardinales:

1. Prudencia.
2. Justicia.
3. Fortaleza.
4. Templanza.

Los pecados capitales:

1. Soberbia.
2. Avaricia.
3. Lujuria.
4. Ira.
5. Gula.
6. Envidia.
7. Pereza.

Contra estos pecados hay estas virtudes:

1. Contra soberbia, humildad.
2. Contra avaricia, generosidad.
3. Contra lujuria, castidad.
4. Contra ira, paciencia.
5. Contra gula, templanza.
6. Contra envidia, caridad.
7. Contra pereza, diligencia.

Los pecados contra el Espíritu Santo:

1. Presunción de salvarse sin ningún mérito.
2. Desesperación de la misericordia de Dios.

3. Impugnación de la verdad conocida, para pecar con más libertad.
4. Envidia de los bienes espirituales que nuestro prójimo ha recibido de Dios.
5. Obstinación en el pecado.
6. Propósito de morir sin penitencia.

Pecados que claman venganza a Dios:

1. Homicidio voluntario.
2. Pecado impuro contra naturaleza.
3. Opresión del pobre.
4. Defraudar al obrero de su jornal.

Los Novísimos:

1. Muerte.
2. Juicio.
3. Infierno.
4. Gloria.

Las potencias del alma:

1. Memoria.
2. Entendimiento.
3. Voluntad.

Los sentidos corporales:

1. Vista.
2. Oído.
3. Olfato.
4. Gusto.
5. Tacto.

Enemigos del alma:

1. Mundo.
2. Demonio.
3. Carne.

Días festivos de precepto en México:

1. Todos los domingos del año.
2. 1º de Enero: Santa María, Madre de Dios.
3. 12 de Diciembre: Nuestra Señora de Guadalupe.
4. 25 de Diciembre: La Natividad del Señor.

Días de abstinencia y de ayuno:

1. El Miércoles de Ceniza.
2. Viernes Santo.

Sólo días de abstinencia:

Todos los viernes: en estos viernes no es optativo sustituir por alguna obra penitencial la abstención de comer carne.

La ley de abstinencia prohíbe comer carne, pero no comer huevos, lacticinios y cualesquiera condimentos, aunque sea de grasa de animales.

La ley de abstinencia obliga a todos los que hayan cumplido los catorce años de edad, hasta la muerte.

El ayuno: la ley del ayuno prescribe que no se haga sino una sola comida al día, pero no prohíbe to-

88

mar algún alimento por la mañana y por la tarde con tal que se observe, respecto a la cantidad y a la calidad, la costumbre aprobada en cada lugar.

El ayuno obliga a todos desde que hayan cumplido veintiún años, hasta que hayan comenzado el sexagésimo.

Precepto de la Comunión Pascual en México:

El tiempo hábil para cumplir con el precepto de la Comunión Pascual, empieza para nosotros el 2 de febrero y termina el 16 de julio fiesta de Nuestra Señora del Carmen.

Piensa que el tiempo pasa. Piensa que la muerte se acerca. Piensa que te espera la eternidad.

III
ORACIONES POR LOS ENFERMOS

Oración por un enfermo

Señor Jesús, aquél(aquélla) a quien amas está enfermo(a). Tú lo puedes todo; te pido humildemente que le devuelvas la salud.

Pero, si son otros tus designios, te pido le concedas la gracia de sobrellevar cristianamente su enfermedad.

En los caminos de Palestina tratabas a los enfermos con tal delicadeza que todos venían a ti; dame esa misma dulzura, este tacto que es tan difícil de tener cuando se está sano.

Que yo sepa dominar mi nerviosismo para no agobiarle; que sepa sacrificar una parte de mis ocupaciones para acompañarle, si es su deseo.

Yo estoy lleno de vida, Señor, y te doy gracias por ello. Pero haz que el sufrimiento de los demás me santifique, formándome en la abnegación y en la caridad.

Oración por un familiar enfermo

Señor, ya ves nuestra situación. Estamos tristes porque un ser querido está enfermo (de gravedad). Te pedimos por él, por todos los que sufren a su alrededor. Pero queremos vencer nuestro egoísmo y orar

90

por todos los enfermos del mundo. Por los enfermos de todos los hospitales, aunque bien atendidos, pero que padecen solos, separados de sus familias. Por todos los operados, cuyo dolor les es intolerable al despertar. Por los niños enfermos condenados a arrastrar toda la vida un cuerpo lacerado. Por todos los ancianos tenidos por incurables y tratados como tales.

Quisiéramos ser su portavoz cerca de ti, ofrecerte su sufrimiento e implorar tu misericordia por sus impaciencias, rebeldías, dudas y cobardías ante la vida.

Ayúdanos a hacernos cargo de la existencia, a ser útiles en la medida en que todavía podemos valernos, a aprovechar nuestras posibilidades humanas en favor de los demás. Enséñanos a todos a cumplir tu santa voluntad.

Oración por un niño enfermo

Señor, tú invitaste a los niños a venir hacia ti para poder poner tus manos sobre ellos y para bendecirlos.

Te suplicamos que extiendas ahora tu mano sobre este(a) niño(a) para aliviar su dolor, para librarlo(a) de todas sus dolencias.

Que tu misericordia le devuelva la salud del cuerpo y del alma, a fin de que, con corazón agradecido, pueda amar y servir siempre a su prójimo. Te lo pedimos a ti, que nos amas y vives por los siglos de los siglos. Amén.

Oración por un(a) anciano(a) enfermo(a)

Señor, mira con bondad a este(a) hijo(a) tuyo(a), agobiado(a) por el peso de los años, concédele que, confortado(a) con la gracia del Espíritu Santo, sea fuerte en su fe y seguro(a) en su esperanza, nos dé testimonio de paciencia y muestre aquella alegría que es fruto del amor. Por Jesucristo nuestro Señor. Amén.

Petición por los enfermos

Padre de los enfermos: acércate a la cabecera de todos los enfermos del mundo. De los que en este momento han perdido ya el conocimiento y van a morir.

Te lo pedimos, Señor.

De los que han comenzado ahora su agonía.

Te lo pedimos, Señor.

De los que han perdido toda esperanza de curación. Te lo pedimos, Señor.

De los que gritan y lloran de dolor.

Te lo pedimos, Señor.

De los que no pueden curarse por falta de dinero.

Te lo pedimos, Señor.

De los que desearían andar mucho y tienen que quedarse inmóviles.

Te lo pedimos, Señor.

De los que tendrían que acostarse y la pobreza los obliga a trabajar.

Te lo pedimos, Señor.

De los que buscan vanamente en el lecho una posición menos dolorosa.

Te lo pedimos, Señor.

De los que pasan largas noches sin poder dormir. Te lo pedimos, Señor.

De aquellos a quienes tortura el pensamiento de su familia en ruina.

Te lo pedimos, Señor.

De los que han de renunciar a sus más acariciados proyectos en el futuro.

Te lo pedimos, Señor.

Sobre todo, de los que no creen en Dios.

Te lo pedimos, Señor.

De los que se rebelan y maldicen a Dios.

Te lo pedimos, Señor.

De los que no saben que Jesucristo padeció por ellos.

Te lo pedimos, Señor.

Oración a San Camilo, protector de los enfermos

San Camilo, que sufriste por muchos años pacientemente una molesta enfermedad, alcánzame de Dios, la gracia de recibir con espíritu de fe, la enfermedad y los sufrimientos que el Señor quiera mandarme para mi bien y para mi purificación.

Tú que por toda la vida te has dedicado con bondad y amor al servicio de los enfermos, llevando a todos consuelo y esperanza, obténme la gracia de reconocer a Jesús en el prójimo que sufre y de servirle con cristiana generosidad. Amén.

Oración a San Antonio de Padua
por los enfermos

San Antonio, que siempre has escuchado a todos los que recurren a ti, llenos de fe, te pido con fervor por N. enfermo(a), muy querido(a) para mí.

Te suplico le alcances la gracia de la salud, o por lo menos que pueda sobrellevar sus sufrimientos con fe y cristiana resignación, y así pueda cumplir con la voluntad de Dios.

Tú que en tu vida terrenal fuiste amigo de los enfermos, está cerca de nosotros con tu protección, consuela nuestro corazón y haz que nuestros sufrimientos físicos y morales, sean fuente de méritos para la vida eterna. Amén.

Oración a San Judas Tadeo
por los enfermos

San Judas Tadeo, que conociste muy bien el corazón del médico divino, Jesús, quien siempre curó a los enfermos si tenían fe; que te preocupaste por la salud corporal de los demás; intercede ante el Señor para que por su misericordia, se repitan los signos de su poder, para que ayude en su fe, y sea curado(a) en su enfermedad del cuerpo N. Y así pueda buscar la salud del alma, aceptando siempre la voluntad de Dios. Amén.

San Judas Tadeo, que devolviste la salud a las almas y a los cuerpos: Ruega por nosotros.

Oración de la familia por el enfermo

Señor, la preocupación nos ha invadido;
también la aflicción y a veces la desesperanza,
porque uno de nosotros está enfermo.
Nosotros somos una familia de cristianos
por eso, sentimos la necesidad
de apoyarnos en ti.
Te necesitamos para que seas consuelo
en nuestro dolor,
paciencia de nuestra impaciencia,
fuerza de nuestra Fe,
vida de nuestra Esperanza,
luz en nuestra aflicción
y fuego de nuestro amor.
Ahora que el tiempo nos urge,
y la incertidumbre nos cierra en la soledad;
necesitamos, más que nunca,
ser familia: compartir, amar, servir,
creer, vivir y esperar en cristiano:
porque esa tiene que ser la diaria ofrenda
a nuestro(a) enfermo(a).
Ayúdanos a pensar más en él(ella) que en nosotros,
a acompañarlo(a), a fortalecerlo(a) y atenderlo(a),
a distraerlo(a), si es posible,
a quererlo (a) de corazón siempre.
Lo(a) ponemos con toda nuestra confianza
en tus manos;
te pedimos por él(ella).
Te rogamos insistentemente
por su salud, por su bien.
Que nosotros tengamos la valentía
de ayudarle a vivir estos momentos con Fe.

Que él(ella) pueda sentir nuestra presencia a su lado como la viva presencia de Cristo, el Salvador.
Te pedimos todo esto, por la intercesión de la Virgen Madre de la Misericordia y Madre de todos nosotros.
Amén.

(E. Juan T.)

Oración por los que sufren

Oh Dios, refugio providencial de los que sufren, escucha la oración que te elevamos por aquellos que sufren.

Tranquiliza y conforta a los enfermos, a los ancianos y a los moribundos.

Da a quienes los ayudan ciencia y paciencia, comprensión y compasión.

Inspira a todos ellos los medios que les proporcionen descanso, como palabras que los animen y el amor que les conforte.

Te recomendamos los que se encuentran desalentados, en rebelión, heridos de las tentaciones, atormentados de las pasiones, destrozados espiritualmente por la maldad de los hombres.

Señor, pon dentro de nosotros, tu Espíritu de amor, de comprensión y de sacrificio, para que demos una cristiana ayuda a aquellos que encontremos en nuestro camino de sufrimiento.

Amén.

**Oración a la Virgen,
"Salud de los enfermos"**

Nuestros hermanos los enfermos nos piden que te hablemos de ellos.

No pueden venir hasta tu altar. Son prisioneros del dolor. Clavados a la cama de un hospital, en sus casas o sobre la tierra de una pobre casa, sufren día tras día. A veces sin más esperanza que su propio dolor.

Esos hermanos nuestros necesitan de ti. Pasan las noches para ellos interminables, esperando el día. Pasan el día con la ilusión de poder descansar durante la noche. Necesitan de ti.

Envíales, Señora, en su larga agonía, un ángel que les hable de ti, que les diga que tú eres "la salud de nuestro pueblo". Que sufres con ellos y no los abandonas. Que tienes poder "para sanar todas sus enfermedades".

Te pedimos que abran sus ojos. "Y te vean, y encuentren la Vida". La Vida para su débil esperanza. La vida para sus cuerpos.

Salud de los enfermos, ruega por ellos.

(Cavanna)

**Visita a Jesús Sacramentado
por los enfermos**

Quédate con nosotros, Señor, esta noche, quédate para adorar, alabar y dar gracias por nosotros mientras dormimos; para hacer que baje del Cielo tu Misericordia sobre el mundo; para socorrer desde los tabernáculos de la Tierra, a las benditas almas que sufren en el Purgatorio su prolongada noche de dolor y de pena.

Quédate con nosotros para apartar la justa ira de Dios de nuestras populosas ciudades, que con sus densísimas nubes de vicios y crímenes claman venganza del cielo.

Quédate con nosotros para guardar a los inocentes, para sostener a los tentados, para levantar a los caídos: para aplastar el poder del demonio; para impedir el pecado.

Quédate con nosotros para confortar a los que sufren; para bendecir a los que yacen en el lecho del dolor; para dar contrición a los que mueren; para recibir en los brazos de tu misericordia las miles de almas que se presentarán ante ti, para ser juzgadas.

Oh Buen Pastor, quédate con tus ovejas; defiéndelas de los peligros que las rodean y amenazan; pero sobre todo, quédate con los que sufren y con los agonizantes.

Danos una noche tranquila y un fin perfecto.

Sé nuestro misericordioso Padre hasta lo último; para que sin temor podamos aparecer delante de ti como nuestro Juez.

Oración de la enfermera o enfermero

Señor, tú que sabes mi deber de asistir a los enfermos, haz que yo les sirva no solamente con las manos, sino también con el corazón; haz que yo los cure. Así sea.

Señor, tú, que has tenido piedad para todo humano sufrimiento, haz fuerte mi espíritu, seguro mi brazo, al curar a los enfermos, auxiliar a los heridos, animar a los angustiados y a los moribundos; pero conserva sensible mi alma al dolor ajeno, delicada mi palabra, dulce mi trato, paciente mi vela. Así sea.

Señor, tú, que has creado la naturaleza humana compuesta de alma y cuerpo, infúndeme respeto por la una y por el otro, enséñame a consolar el alma afligida curando el cuerpo enfermo. Así sea.

Señor, tú, que has dicho que es hecho a ti el bien prodigado a los que sufren, haz que te vea a ti en ellos y a ellos en ti. Así sea.

Señor, tú, que has prometido no dejar sin premio ni siquiera un vaso de agua dado por tu amor, guárdame la recompensa que sólo tú puedes dar a este mi trabajo, que quiero cumplir con piedad y con amor. Así sea.

Y tú, María consoladora de los afligidos y salud de los enfermos, sé también para mí maestra de sabiduría y madre benigna. Amén.

(Paulo VI)

Oración por un enfermo grave

Señor Jesucristo, Redentor de los hombres, que en tu pasión quisiste soportar nuestros sufrimientos y aguantar nuestros dolores; te pedimos por N., que está enfermo(a); tú que lo(a) has redimido, aviva en él (ella) la esperanza de su salvación y conforta su cuerpo y su alma. Tú que vives y reinas por los siglos de los siglos. Amén.

Oración por un enfermo moribundo

Señor, Padre de misericordia, Dios de toda consolación, en la inmensidad de tu amor, mira a este(a) hermano(a) en su dolor. Por la pasión y muerte de tu Hijo Unigénito concédele la gracia del arrepentimiento y del perdón, para que en el camino de esta vida encuentre en ti un juez misericordioso. Y ya purificado de toda mancha por la sangre misma de tu Hijo, pueda así entrar en la vida eterna.

Clementísima Virgen, Madre de Dios, consoladora de los que sufren, intercede ante tu Hijo divino por este(a) hermano(a) nuestro(a). Confórtalo(a) con tu maternal auxilio para que no tema las angustias de la muerte, sino que pase alegremente, guiado(a) por ti, a la patria de los bienaventurados.

A ti recurro, oh San José, protector de los moribundos, que a tu muerte estuvieron presentes Jesús y María. Por el amor que les tenías, te pido por este(a) hermano(a) nuestro(a), que se encuentra en el momento de la agonía. Bajo tu protección, líbralo(a) de las insidias del enemigo, y libre ya de la muerte eterna, llegue a la gloria eterna. Amén.

> **"Madre de todos los hombres**
> **enséñanos a decir: Amén.**
> **Cuando el dolor nos oprime**
> **y la ilusión ya no brille".**

LA UNCIÓN DE LOS ENFERMOS

La Unción de los Enfermos no es un Sacramento instituido para los que se encuentran en los últimos momentos de su vida, sino para unir los sufrimientos del enfermo a la Pasión de Cristo, consagrando al enfermo, santificándolo y ayudándolo a superar la enfermedad. Uniendo el dolor del enfermo al de Cristo, estamos colaborando a completar lo que falta a la Pasión del Señor.

Cristo siempre curó a los enfermos, los confortó. Por la oración y la unción que el sacerdote hace sobre el enfermo, Cristo está presente y continúa aliviando y confortando a los enfermos.

El tiempo oportuno para recibir este Sacramento se inicia cuando el cristiano comienza a estar en peligro de muerte por enfermedad o vejez. Este Sacramento puede repetirse si el enfermo convalece o si la enfermedad se agrava.

Por medio de este Sacramento Cristo da al enfermo:

"La luz y el consuelo de su esperanza, la fortaleza de la fe y de su amor, su perdón, su alivio y aliento.

"Ayuda a aceptar la vida y la muerte como momento de salvación; a permanecer fieles, a pesar de todo, al Plan y voluntad de Dios; nos prepara o para la curación o para nuestra unión con Él a través de la enfermedad".

Por eso el sacerdote al ungir al enfermo dice:

"*Por esta santa unción y por su bondadosa mise-ricordia te ayude el Señor con la gracia del Espíriiu Santo para que, libre de tus pecados te conceda la salvación y te conforte en tu enfermedad*" (Ritual*)*.

¿Qué debemos hacer cuando un familiar o cual-quier cristiano está enfermo de cierta gravedad?

Llamemos oportunamente al sacerdote, para que ore y unja con el santo óleo al enfermo en nombre de Cristo.

"**Cristo se acerca a todo el que sufre, porque él asumió en sí mismo este sufrimiento. Por este sufrimiento de Cristo el hombre no muere sino que alcanza la vida eterna**". (*El sentido cristiano del sufrimiento humano*: **Juan Pablo II**)

LA COMUNIÓN COMO VIÁTICO

"El Sacramento del Cuerpo y la Sangre de nuestro Señor Jesucristo, que él mismo nos dejó antes de pasar de este mundo hacia el Padre es viático que nos conforta cuando de esta vida vamos hacia él, y una prenda segura de nuestra resurrección" (Ritual).

Por eso, hay que llamar al sacerdote cuando el enfermo está consciente, para que éste pueda Confesarse, recibir la Unción de los Enfermos y Comulgar.

> **"Creer en el Hijo crucificado significa 'ver al Padre', significa creer que el AMOR está presente en el mundo y que ESTE AMOR es más fuerte que toda clase de mal. Creer en ESE AMOR, significa CREER EN LA MISERICORDIA".** (*EL trabajo humano*: **Juan Pablo II**)

LA INDULGENCIA PLENARIA

Al final el sacerdote puede concluir el rito del Viático con la Indulgencia plenaria, en peligro de muerte, diciendo:

"En nombre de nuestro Santo Padre el Papa Juan Pablo II, te concedo indulgencia plenaria y el perdón de todos los pecados. En el nombre del Padre,† y del Hijo y del Espíritu Santo" (*Ritual*).

"El Redentor ha sufrido en vez del hombre y por el hombre. Todo hombre tiene su participación en la redención. Cada uno está llamado también a participar en ese sufrimiento mediante el cual se ha llevado a cabo la redención".
(***El sentido cristiano del sufrimiento humano***, **Juan Pablo II**)

LA MUERTE DEL CRISTIANO

La caridad hacia el prójimo exige de los cristianos que manifiesten su comunión con el hermano o la hermana moribundos, pidiendo con ellos y por ellos la misericordia de Dios y la confianza en Cristo.

La Iglesia ora con él y por él, para ayudarle a vencer la angustia de la muerte, uniendo su muerte a la de Cristo, que por su muerte venció la nuestra.

Las oraciones que siguen, deben elegirse en función del estado espiritual y corporal del enfermo y teniendo en cuenta todas las circunstancias del lugar y de las personas.

Díganse estas oraciones lenta y suavemente, intercalando momentos de silencio. Si se cree oportuno, repítanse con el enfermo algunas jaculatorias, dos o tres veces.

Es muy oportuno colocar cerca del enfermo un crucifijo y de cuando en cuando ofrecérselo para que lo bese. Además se enciende una vela o el cirio y se puede rociar con agua bendita la habitación del enfermo.

Si el sacerdote no se encuentra presente, cualquier cristiano puede ayudar a bien morir al que está a punto de partir, rezando las siguientes oraciones, letanías, jaculatorias, salmos y lecturas bíblicas.

Exhórtese al enfermo, mientras conserve el conocimiento, a que haga actos de fe, esperanza, caridad y otras virtudes, por ejemplo:

Que crea firmemente todos los artículos de la fe y todo lo que la Santa Iglesia Católica, Apostólica y Romana cree y enseña.

Que espere en nuestro Señor Jesucristo, que por su inmensa clemencia le será propicio, y que conseguirá la vida eterna por los méritos de su Pasión y por la intercesión de la Santísima Virgen María y de todos los santos.

Que ame y desee amar de todo corazón a Dios con el amor con que lo aman todos los santos y bienaventurados.

Que de todo corazón se arrepienta de todas las ofensas que de cualquier manera haya cometido contra Dios o contra el prójimo.

Que perdone de todo corazón y por amor a Dios, a todos los que le ofendieron en alguna forma y a todos sus enemigos.

Que pida perdón a todos los que alguna vez ofendió de palabra o de obra.

Que lleve con paciencia los dolores y molestias de la enfermedad que ahora sufre, por amor a Dios y en penitencia de sus pecados.

Que proponga apartarse con todas sus fuerzas del pecado y guardar los mandamientos de Dios, si Él se dignare darle de nuevo la salud.

IV
NUESTROS AGONIZANTES

MODO DE AYUDAR A BIEN MORIR

Los presentes, aunque el moribundo haya perdido su conocimiento, encontrarán en estas plegarias una fuente de consuelo al descubrir el sentido de la muerte cristiana. Con frecuencia será conveniente subrayar este sentido con un signo visible, haciendo la señal de la cruz sobre la frente del moribundo. Si el sacerdote no se encuentra presente, cualquier cristiano puede ayudar a bien morir al que está a punto de partir, rezando según el estado espiritual y corporal del enfermo, las siguientes invocaciones, lecturas, oraciones, letanías, jaculatorias... Hágase todo con voz lenta y suave e intercalando algún momento de silencio. En algunos casos con quizá, varias veces.

1. Invocaciones bíblicas

1. ¿Quién nos apartará del amor de Cristo? ¡Ni la muerte! (Rm 8, 35).
2. En la vida y en la muerte, somos del Señor (Rm 14, 8).
3. En el cielo tenemos nuestra morada eterna (2Cor 5,1).
4. Estaremos siempre con el Señor (1Tes 4, 17).
5. Veremos al Señor tal cual es (1Jn 3, 2).

6. Estamos seguros de haber pasado de la muerte a la vida, porque amamos a nuestros hermanos (1Jn 3,14).

7. A ti, Señor, levanto mi alma (Sal 24,1).

8. El Señor es mi luz y mi salvación, ¿a quién temeré? (Sal 26,1).

9. Espero gozar de la dicha del Señor, en el país de la vida (Sal 26,13).

10. Mi alma tiene sed de Dios (Sal 41, 3).

11. Aunque camine por cañadas oscuras, nada temo porque tú, Señor, vas conmigo (Sal 22,4).

12. Venid, benditos de mi Padre, a recibir la herencia del Reino, preparado para vosotros (Mt 25, 34).

13. Yo te aseguro que hoy estarás conmigo en el paraíso, dijo el Señor Jesús (Le 23, 43).

14. Dijo el Señor: Voy a prepararos un lugar, para llevaros conmigo (Jn 14, 2-3).

15. Todo el que crea en el Hijo, tendrá la vida eterna (Jn 6, 40).

16. Dijo Jesús: Quiero que donde yo esté, también estén conmigo (Jn 17, 24).

17. Padre, en tus manos encomiendo mi espíritu (Sal 30, 6a.).

18. Señor Jesús, recibe mi alma (Hechos 7, 59).

Invocaciones devocionales

19. Sagrado Corazón de Jesús, en ti confío.

20. Corazón agonizante de Jesús, ten misericordia de mí.

21. Jesús manso y humilde de corazón, haz mi corazón semejante al tuyo.

22. Jesús, José y María, asistidme en mi última agonía.

23. Señor San José, Patrono del alma mía, cuando mi muerte llegare tu patrocinio me ampare, y el de Jesús y María.

24. Purísimo corazón de María, sé mi salvación.

25. Madre llena de dolor, haz que cuando expiremos, nuestras almas entreguemos por tus manos al Señor.

2. Lecturas bíblicas

Lectura de la primera carta del apóstol San Pablo a los Corintios (1Cor 15, 1-4).

Os recuerdo, hermanos, el Evangelio que os prediqué, que habéis recibido y en el cual permanecéis firmes, por el cual seréis salvados, si lo guardáis tal como os lo prediqué. Si no, ¡habríais creído en vano! Porque os transmití, en primer lugar, lo que a mi vez recibí: que Cristo murió por nuestros pecados, según las Escrituras; que fue sepultado y que resucitó al tercer día, según las Escrituras.

Palabra de Dios.

Todos: Te alabamos, Señor.

Salmo

(Sal 120,1-4)

Alzo la vista a los montes: ¿de dónde me vendrá la ayuda? La ayuda me viene del Señor, creador de cielos y tierra. No dejaré que tus pies vacilen; el que te protege, no se descuidará. Pues ni dormita, ni duerme ese que defiende a Israel.

Lectura del santo Evangelio según san Lucas (Lc 22, 39-46).

Y salió Jesús como de costumbre al monte de los Olivos, y lo siguieron los discípulos. Al llegar al sitio, les dijo: Orad, para no caer en tentación. Él se apartó de ellos, alejándose como a un tiro de piedra y arrodillado, oraba diciendo: Padre, si quieres, aparta de mí este cáliz. Y se le apareció un ángel del cielo que lo confortaba. Y en su angustia mortal oraba con más insistencia. Y comenzó a sudar como gruesas gotas de sangre, que caían hasta el suelo. Y levantándose de la oración, fue hacia los discípulos, los encontró dormidos por la pena, y les dijo: ¿Por qué dormís? Levantaos y orad, para no caer en la tentación. Palabra del Señor.

Todos: Gloria a ti, Señor Jesús.

3. Letanías de todos los Santos

Si el moribundo pudiera soportar una plegaria más larga, es aconsejable que, según las circunstancias, los presentes recen por él las Letanías de los Santos, con la respuesta "Ruega por él" o "Ruega por ella".

Señor, ten piedad.

Cristo, ten piedad.

Señor, ten piedad.
Santa María, Madre de Dios.

Ruega por él (por ella).

San Miguel.	Rogad...
Santos Ángeles de Dios.	Rogad...
San José.	Rogad...
San Juan Bautista.	"
San Pedro y San Pablo.	Rogad...
San Andrés.	Rogad...
San Juan.	"
Santa María Magdalena.	"
San Esteban.	"
San Ignacio de Antioquía.	"
San Lorenzo.	"
Santas Perpetua y Felícitas.	Rogad...
Santa Inés.	Ruega...
San Gregorio.	"
San Agustín.	"
San Atanasio.	"
San Basilio.	"
San Martín.	"
San Benito.	"
Santos Francisco y Domingo.	Rogad...
San Francisco Javier.	Ruega...
San Juan María Vianey.	"
Santa Catalina de Siena.	"
Santa Teresa de Ávila.	"
San (o Santa)...	"

Aquí se pueden invocar los santos patronos del moribundo y de su familia.

Todos los Santos y Santas de Dios.	Rogad...
Muéstrate propicio.	Perdónale, Señor.

De todo mal.	*Líbrale, Señor*
De todo pecado.	"
De la muerte eterna.	"
Por tu encarnación.	"
Por tu muerte y resurrección.	"
Por el envío del Espíritu Santo.	"
Nosotros, que somos pecadores.	"
	Te rogamos, óyenos
Que lo(la) perdones.	"
Que lo(la) trates con indulgencia.	"
Que libres el alma de nuestro(a)	"
hermano(a) de la eterna condenación.	"
Que concedas el descanso eterno	"
a todos los fieles difuntos.	"
Jesús, Hijo de Dios.	"
Cristo, óyenos.	Cristo, óyenos
Cristo, escúchanos.	Cristo, escúchanos

4. Recomendación del alma

Cuando parezca inminente el momento de la muerte, puede recitarse, según las disposiciones cristianas del moribundo, alguna de las siguientes oraciones:

Deja ya este mundo, alma cristiana, en el nombre de Dios, Padre todopoderoso, que te creó; en el nombre de Jesucristo, Hijo de Dios vivo, que padeció por ti; en el nombre del Espíritu Santo, que te santificó.

Que descanses hoy en paz y habites con Dios en su Reino, en compañía de la Virgen Madre de Dios, María Santísima, de San José y de todos los ángeles y santos.

Te pongo en las manos de Dios todopoderoso hermano (a) mío(a), para que vuelvas al mismo que te creó y te formó del polvo de la tierra. Cuando salgas de este mundo, que vengan a tu encuentro la Santísima Virgen María, los ángeles y todos los santos.

Nuestro Señor Jesucristo, que quiso morir por ti en la cruz, te libre de la muerte eterna. El Hijo de Dios vivo te lleve a su Reino y te reconozca entre sus ovejas el Buen Pastor; que él perdone tus pecados y te cuente entre sus elegidos; que veas cara a cara a tu Redentor y goces de la contemplación de Dios por los siglos de los siglos. Amén.

5. En los últimos momentos

Acoge, Señor, en tu reino a tu siervo(a) N. (*se dice el nombre*), para que alcance la salvación que espera de tu misericordia.

A cada invocación se responde:

Todos: Amén.
Libra, Señor, a tu siervo(a), de todas sus tribulaciones.
Libra, Señor, a tu siervo(a), como libraste a Noé del diluvio.
Libra, Señor, a tu siervo(a), como libraste a Abraham del país de los caldeos.
Libra, Señor, a tu siervo(a), como libraste a Job de sus padecimientos.
Libra, Señor, a tu siervo(a), como libraste a Moisés del poder del Faraón.

Libra, Señor, a tu siervo(a), como libraste a Daniel del foso de los leones.

Libra, Señor, a tu siervo(a), como libraste a los tres jóvenes del horno ardiente y del poder del rey injusto.

Libra, Señor, a tu siervo(a), como libraste a Susana de la calumnia.

Libra, Señor, a tu siervo(a), como libraste a David del rey Saúl y de las manos de Goliat.

Libra, Señor, a tu siervo(a), como libraste a Pedro y Pablo de la cárcel.

Libra, Señor, a tu siervo(a), N. (*se dice el nombre*), por Jesús, nuestro Salvador, que padeciendo por nosotros muerte afrentosa y resucitando, nos obtuvo la vida eterna.

Señor Jesús, Salvador del mundo, te encomendamos a N. *(se dice el nombre)*, y te rogamos que lo(a) recibas en el gozo de tu Reino, pues por él(ella) bajaste a la tierra. Y aunque haya pecado en esta vida nunca negó al Padre, al Hijo y al Espíritu Santo, sino que permaneció en la fe y adoró fielmente al Dios que hizo todas las cosas.

Se puede decir o cantar la siguiente Antífona:

Dios te salve, Reina y Madre de misericordia, vida, dulzura y esperanza nuestra, Dios te salve.

A ti llamamos los desterrados hijos de Eva, a ti suspiramos, gimiendo y llorando, en este valle de lágrimas. Ea, pues, Señora, abogada nuestra, vuelve a nosotros esos tus ojos misericordiosos, y después de este destierro muéstranos a Jesús, fruto bendito de tu vientre.

¡Oh clemente, oh piadosa, oh dulce Virgen María!

Ruega por nosotros, Santa Madre de Dios, para que seamos dignos de alcanzar las promesas de Nuestro Señor Jesucristo. Amén.

Al expirar

Inmediatamente después de expirar se dice:

Venid en su ayuda, santos de Dios, salid a su encuentro, ángeles del Señor.

Todos: *Acogedlo(a) y presentadlo(a) ante el Altísimo*

Que te reciba Cristo, quien desde el Bautismo te eligió y que los ángeles te lleven a la casa del Padre.

Todos: *Acogedlo(a) y presentadlo(a) ante el Altísimo.*

Concédele, Señor, el descanso eterno, y brille para él(ella) la luz perpetua.

Todos: *Acogedlo(a) y presentadlo(a) ante el Altísimo*

Oración:

Dios, Padre misericordioso, gloria de los creyentes y vida de los justos: hemos sido redimidos por la Muerte y Resurección de tu Hijo; sé propicio con tu hijo(a) N., y ya que conoció el misterio de nuestra redención, merezca participar de las alegrías de la futura bienaventuranza. Por Jesucristo nuestro Señor.

Todos: **Amén.**

Dale Señor el descanso eterno.

Todos: *Y brille para él(ella) la luz perpetua.*

Descanse en paz.

Todos: Amén.

"Los cristianos tenemos que aprender a vivir y morir en cristiano. Nosotros, por la Fe, sabemos que Dios nos ayuda a VIVIR y también nos ayuda a MORIR".

CELEBRACIÓN CRISTIANA
DE LA MUERTE

El trance definitivo de la vida es la muerte. El hombre frente a ella, no sólo se entristece, sino que teme que todo termine en el sepulcro. Pero la respuesta la encuentra el creyente en la fe, que nos dice que no acaba todo con la muerte; y que no sólo se trata de la inmortalidad del alma, sino de la resurrección del hombre en Cristo.

El cristiano cree que Jesús entregó su vida para recuperarla; ha muerto y ha resucitado venciendo así a la muerte.

Confía en la palabra de Jesús y en su promesa: "Yo soy la Resurrección y la Vida"; "El que cree en mí, aunque muera, vivirá"; y en fin que Él transformará su condición humilde, según su misma condición gloriosa. No tenemos aquí morada fija; pasamos de la casa de los hombres a la morada eterna de Dios. El creyente acepta la muerte y confía en que la vida sigue.

Nuestra oración por los difuntos

Nuestra reunión –el duelo, el acompañamiento– es la Iglesia reunida; y no puede estar marcada por la pesadumbre de lo fatal, lo inevitable; ni por el llanto sin esperanza por los que ya no existen, sino por la gozosa esperanza, de un encuentro final en la casa del Padre.

Somos la Iglesia, que peregrina por este mundo, que despide al hermano y lo recomienda a la Iglesia gloriosa.

Para reavivar la fe de los familiares y –consolarlos en su dolorosa aflicción–, la Comunidad, ora con la Liturgia de la Iglesia: escuchando la Palabra de Dios, ofreciendo el Sacrificio Eucarístico y dando el último adiós, a un hermano muerto en el cuerpo y vivo en la fe.

Es costumbre reunirse en oración en la casa del difunto o en la capilla ardiente de la funeraria. Cuando falte el sacerdote, los cristianos pueden organizar y presidir las oraciones, salmos y lecturas siguientes.

"Yo soy la Resurrección y la Vida.
El que cree en Mí, aunque muera, vivirá,
y todo el que vive y cree en Mí, no morirá
para siempre" (Juan 11, 25).

V

NUESTROS DIFUNTOS

1. RITO DE DIFUNTOS QUE PUEDE CELEBRAR CUALQUIER CRISTIANO

Este Rito se celebra en la casa del difunto o en la capilla ardiente de una funeraria.

Introducción

El que preside la celebración se dirige a los presentes con estas palabras:

Hermanos, pidamos todos juntos a Dios nuestro Señor que tenga misericordia de este(a) hermano(a) nuestro(a) a quien ha mandado salir hoy de este mundo, y que no lo(a) olvide para siempre, sino que sus ángeles lo(a) reciban e introduzcan en el cielo, ya que creyó en él.

Todos: *Amén*.

Salmo 129

Lector: Desde el abismo de mis pecados clamo a ti, Señor, escucha mi clamor; que estén atentos tus oídos a mi voz suplicante.

Todos: *Señor, escucha mi clamor.*

Lector: Si conservas el recuerdo de las culpas, ¿quién habría, Señor, que se salvara? Pero de ti procede el perdón, por eso con amor te veneramos.
Todos: *Señor, escucha mi clamor.*

Lector: Confío en el Señor, mi alma espera y confía en su palabra; mi alma aguarda al Señor, mucho más que a la aurora el centinela.

Todos: *Señor, escucha mi clamor.*

Lector: Como aguarda a la aurora el centinela, aguarda Israel al Señor, porque del Señor viene la misericordia y la abundancia de la redención y él redimirá a su pueblo de todas sus iniquidades.

Todos: *Señor, escucha mi clamor.*

Oración

Lector: Escucha, Señor, nuestras plegarias, por las que te pedimos que el alma de tu hijo(a) N., a quien mandaste salir de este mundo, alcance el lugar de la paz y de la luz, y que lo(a) hagas partícipe de la dicha de tus santos.

Todos: *Amén.*

Oración por los dolientes

Lector: Padre de misericordia y Dios de todo consuelo, que nos amas con amor eterno, que cambias la sombra de la muerte en aurora de vida, te rogamos que veas a estos hijos tuyos afligidos por la tribulación.

120

(Sé, Señor, nuestro refugio y nuestra fuerza, para que por medio de este dolor y de esta aflicción, lleguemos a tu luz y a tu paz).

Y pues tu Hijo, nuestro Señor, con su muerte destruyó nuestra muerte y con su resurrección nos devolvió la vida, concédenos que después de esta vida mortal, lleguemos a su presencia, en donde están nuestros hermanos que nos han precedido, y en donde todo llanto tendrá consuelo. Por Jesucristo nuestro Señor.

Todos: *Amén*.

Celebración de la Palabra de Dios
Se pueden hacer dos lecturas o escoger sólo una de las dos.
Primera Lectura

Lectura de la primera carta del apóstol san Pablo a los Tesalonicenses: 4, 13-14a. 17b.

Hermanos: No queremos que estéis en la ignorancia respecto de los muertos, para que no os entristezcáis como los demás, que no tienen esperanza. Porque si creemos que Jesús murió y resucitó, de la misma manera Dios llevará consigo a quienes murieron en Jesús. Os decimos esto como Palabra del Señor: Consolaos, pues, mutuamente con estas palabras.

Palabra de Dios.

Todos: *Te alabamos, Señor*.

Salmo 118

Lector: Dichoso el que con vida intachable camina en la voluntad del Señor; dichoso el que guardando sus preceptos, lo busca de todo corazón.

Todos: *Este es mi consuelo en la aflicción, que tu promesa me da vida*.

Lector: Yo soy un forastero en la tierra, no me ocultes tus promesas; mi alma está pegada al polvo, reanímame con tus palabras.

Todos: *Este es mi consuelo en la aflicción, que tu promesa me da vida*.

Lector: Mi alma llora de tristeza, consuélame con tus palabras; aparta de mí la afrenta que temo, pues tus juicios son clementes.

Todos: *Este es mi consuelo en la aflicción, que tu promesa me da vida*.

Lector: Señor, que me alcance tu favor, tu salvación según tu promesa; así responderé a los que me injurian, porque confío en tu palabra.

Todos: *Este es mi consuelo en la aflicción, que tu promesa me da vida*.

Segunda Lectura

Lectura del santo Evangelio según san Juan: 12, 24-26.

En aquel tiempo dijo Jesús a sus discípulos: Os digo que si el grano de trigo sembrado en la tierra, no muere, queda infecundo; pero si muere, producirá mucho fruto. El que se ama a sí mismo, se pierde; el que se aborrece a sí mismo en este mundo, se asegura para la vida eterna. El que quiera servirme, que me siga, para que donde yo esté, también esté mi servidor. El que me sirve, será honrado por mi Padre.

Palabra del Señor.

Todos: *Gloria a ti, Señor Jesús.*

Reflexión

Hermanos: Estamos ante una de las realidades más duras de la existencia humana. Un ser querido ha terminado ya la etapa terrena de su existencia y se ha separado de nosotros para comenzar a vivir la vida eterna.

A nosotros, sin embargo, este paso que nuestro(a) hermano(a) ha dado, nos llena de dolor, porque los vínculos sensibles del afecto que nos unían a él (ella), han quedado rotos. Pero solamente los vínculos visibles desaparecieron, pues, los sobrenaturales, más íntimos, se han estrechado más en Jesucristo. Para Dios no hay muertos, sólo vivos. En el Dios de vivos, sólo se ha cumplido su decreto de que todo hombre tiene que dar este paso.

Este es el verdadero sentido de la muerte cristiana: que vivamos como peregrinos en la tierra esperando dar el paso que habrá de introducirnos en la vida eterna. Para nosotros, la muerte no es el final de todo, sino la posesión de todo: no es tiniebla, sino luz resplandeciente, que se origina en el sol de la resurrección de Cristo.

Oración universal

Lector: **Pidamos por nuestro(a) hermano(a) a Jesucristo nuestro Señor, el cual dijo: "Yo soy la resurrección y la vida, el que cree en mí, aunque muera, vivirá; y todo el que vive y cree en mí, no morirá jamás".**

Lector: Tú que lloraste por la muerte de Lázaro, enjuga nuestras lágrimas.

Todos: *Escúchanos, Señor.*

Lector: Tú que llamaste a los muertos a la vida, dale a este(a) hermano(a) nuestro(a) la vida eterna.

Todos: *Escúchanos, Señor.*

Lector: Tú que prometiste el paraíso al ladrón arrepentido, introduce en el cielo a este(a) hermano(a) nuestro(a).

Todos: *Escúchanos, Señor.*

Lector: Tú que purificaste a nuestro(a) hermano(a) con el agua del Bautismo y lo(a) señalaste con la Unción sagrada, cuéntalo(a) entre tus santos y elegidos.

Todos: *Escúchanos, Señor.*

Lector: Tú que alimentaste a nuestro(a) hermano(a) con el sagrado banquete de tu Cuerpo y de tu Sangre, admítelo(a) en la mesa de tu reino.

Todos: Escúchanos, Señor.

Lector: Y a nosotros, Señor, que estamos afligidos por la muerte de nuestro(a) hermano(a), anímanos con el consuelo de la fe y la esperanza de la vida eterna.

Todos: *Escúchanos, Señor.*

Oración

Lector: Señor, ten misericordia de tu hijo(a) N. Qué no reciba el castigo de sus acciones, pues quiso hacer tu voluntad cuando vivía. Así como en la vida una fe sincera lo(a) unió a la comunidad de los fieles, así ahora tu misericordia lo(a) una con los coros angélicos. Por Jesucristo, nuestro Señor.

Todos: *Amén.*

Lector: Dale Señor el descanso eterno.

Todos: *Y brille para él(ella) la luz perpetua.*

Lector: Descanse en paz.

Todos: *Amén.*

"Madre de todos los hombres enséñanos a decir: Amén. Cuando nos llegue la muerte y Tú nos lleves al cielo".

---

2. OFICIO DE DIFUNTOS

LAUDES,
ORACIÓN DE LA MAÑANA

Invocación inicial

L. Dios mío, ven en mi auxilio.

P. *Señor, date prisa en socorrerme.*

Gloria al Padre, y al Hijo y al Espíritu Santo. Como era en el principio, ahora y siempre, por los siglos de los siglos. Amén (Aleluya).

Himno

Salen de la ciudad en larga hilera los amigos del hombre, entristecidos, llevan al joven muerto en la litera, su madre lo acompaña entre gemidos.

Lazos de muerte a todos nos alcanzan, las redes del abismo nos envuelven, pueblos enteros lentamente avanzan, y todos los que van ya nunca vuelven.

Alza tu voz, Jesús resucitado; detente, caravana de la muerte, mira al Señor Jesús, él ha pagado el precio del rescate de tu suerte.

Llora, Raquel, de gozo y alegría,
tus hijos vivirán eternamente.
Danos, Señor, llegar a tu gran día,
que de ansia de vivir el alma muere. Amén.

Salmodia

Antífona 1. Se alegrarán en el Señor los huesos
quebrantados.

Salmo 50

Misericordia, Dios mío, por tu bondad;
por tu inmensa compasión borra mi culpa;
lava del todo mi delito,
limpia mi pecado.

Pues yo reconozco mi culpa,
tengo siempre presente mi pecado:
contra ti, contra ti solo pequé,
cometí la maldad que aborreces.

En la sentencia tendrás razón,
en el juicio brillará tu rectitud.
Mira, que en la culpa nací,
pecador me concibió mi madre.

Te gusta un corazón sincero,
y en mi interior me inculcas sabiduría.
Rocíame con el hisopo: quedaré limpio;
lávame: quedaré más blanco que la nieve.

Hazme oír el gozo y la alegría,
que se alegren los huesos quebrantados.
Aparta de mi pecado tu vista,
borra en mí toda culpa.

¡Oh Dios!, crea en mí un corazón puro,
renuévame por dentro con espíritu
firme; no me arrojes lejos de tu rostro,
 no me quites tu santo espíritu.

Devuélveme la alegría de tu salvación,
afiánzame con espíritu generoso:
enseñaré a los malvados tus caminos,
los pecadores volverán a ti.

Líbrame de la sangre, ¡oh Dios,
Dios, Salvador mío!
y cantará mi lengua tu justicia.
Señor, me abrirás los labios,
y mi boca proclamará tu alabanza.

Los sacrificios no te satisfacen;
si te ofreciera un holocausto, no lo querrías.
Mi sacrificio es un espíritu quebrantado:
un corazón quebrantado y humillado
tú no lo desprecias.

Señor, por tu bondad, favorece a Sión,
reconstruye las murallas de Jerusalén:
entonces aceptarás los sacrificios rituales,
ofrendas y holocaustos,
sobre tu altar se inmolarán novillos.

Gloria al Padre, y al Hijo,
y al Espíritu Santo.

Como era en el principio,
ahora y siempre, por los siglos de los siglos.
Amén.

Antífona. Se alegrarán en el Señor los huesos
quebrantados.

Antífona 2. Líbrame, Señor, de las puertas del
abismo.

Cántico   *Is* 38,10-14. 17-20

Yo pensé: "En medio de mis días
tengo que marchar hacia las puertas del abismo;
me privan del resto de mis años".

Yo pensé: "Ya no veré más al Señor
en la tierra de los vivos,
ya no miraré a los hombres
entre los habitantes del mundo.

Levantan y enrollan mi vida
como una tienda de pastores.
Como un tejedor devanaba yo mi vida,
y me cortan la trama".

Día y noche me estás acabando,
sollozo hasta el amanecer.
Me quiebras los huesos como un león,
día y noche me estás acabando.

Estoy piando como una golondrina,
gimo como una paloma.
Mis ojos mirando al cielo se consumen:
¡Señor, que me oprimen, sal fiador por mí!

Me has curado, me has hecho revivir,
la amargura se me volvió paz
cuando detuviste mi alma ante la tumba vacía
y volviste la espalda a todos mis pecados.

El abismo no te da gracias,
ni la muerte te alaba,
ni esperan en tu fidelidad
los que bajan a la fosa.

Los vivos, los vivos son quienes te alaban:
como yo ahora.
El padre enseña a sus hijos tu fidelidad.

Sálvame, Señor, y tocaremos nuestras arpas
todos nuestros días en la casa del Señor.

Gloria al Padre, y al Hijo,
y al Espíritu Santo.

Como era en el principio,
ahora y siempre,
por los siglos de los siglos. Amén.

Antífona. Líbrame, Señor, de las puertas del abismo.
Antífona 3. Alabaré al Señor mientras viva.

Salmo 145

Alaba, alma mía, al Señor:
alabaré al Señor mientras viva,
tañeré para mi Dios mientras exista.

No confiéis en los príncipes,
seres de polvo que no pueden salvar;
exhalan el espíritu y vuelven al polvo,
ese día perecen sus planes.

Dichoso a quien auxilia el Dios de Jacob,
el que espera en el Señor, su Dios,
que hizo el cielo y la tierra,
el mar y cuanto hay en él;

que mantiene su fidelidad perpetuamente,
que hace justicia a los oprimidos,
que da pan a los hambrientos.

El Señor liberta a los cautivos,
el Señor abre los ojos al ciego,
el Señor endereza a los que ya se doblan,
el Señor ama a los justos,

el Señor guarda a los peregrinos;
sustenta al huérfano y a la viuda
y trastorna el camino de los malvados.

El Señor reina eternamente,
tu Dios, Sión, de edad de edad.

Gloria al Padre,
y al Hijo,
y al Espíritu Santo.

Como era en el principio,
ahora y siempre,
por los siglos de los siglos. Amén.

Antífona. **Alabaré al Señor mientras viva.**

Lectura breve   1Tes 4, 13

Si creemos que Jesús ha muerto y resucitado, del mismo modo a los que han muerto en Jesús, Dios los llevará con él.

Responsorio breve

L. Te ensalzaré, Señor, porque me has librado.
P. *Te ensalzaré, Señor, porque me has librado.*
L. Cambiaste mi luto en danza.
P. *Porque me has librado.*
L. Gloria al Padre, y al Hijo, y al Espíritu Santo.
P. *Te ensalzaré, Señor, porque me has librado.*

Cántico evangélico

Antífona. **Yo soy la resurrección y la vida, el que cree en mí, aunque haya muerto, vivirá; y el que está vivo y cree en mí no morirá para siempre.**

132

Cántico de Zacarías   Lc 1,68-79

Bendito sea el Señor, Dios de Israel,
porque ha visitado y redimido a su pueblo,
suscitándonos una fuerza de salvación
en la casa de David, su siervo,
según lo había predicho desde antiguo
por boca de sus santos profetas.

Es la salvación que nos libra de nuestros enemigos
y de la mano de todos los que nos odian;
ha realizado así la misericordia que tuvo con
nuestros padres,
recordando su santa alianza
y el juramento que juró a nuestro padre Abraham.

Para concedernos que, libres de temor,
arrancados de la mano de los enemigos,
le sirvamos con santidad y justicia,
en su presencia, todos nuestros días.

Y a ti, niño, te llamarán profeta del Altísimo,
porque irás adelante del Señor
a preparar sus caminos,
anunciando a su pueblo la salvación,
el perdón de sus pecados.

Por la entrañable misericordia de nuestro Dios,
nos visitará el sol que nace de lo alto,
para iluminar a los que viven en tiniebla
y en sombra de muerte,

para guiar nuestros pasos
por el camino de la paz.

Gloria al Padre, y al Hijo, y al Espíritu Santo.
Como era en el principio, ahora y siempre, por los
siglos de los siglos. Amén.

Antífona. Yo soy la resurrección y la vida, el que
cree en mí, aunque haya muerto, vivirá; y el que está
vivo y cree en mí no morirá para siempre.

Preces

Pidamos al Señor que escuche nuestra oración
y atienda nuestras súplicas por nuestro hermano(a)
difunto(a) y, llenos de confianza, digámosle:

–Dueño de la vida y de la muerte, escúchanos.

Señor Jesús, haz que nuestro(a) hermano(a) que
ha pasado ya de este mundo a tu reino se alegre con
júbilo eterno en tu presencia,

–y se llene de gozo en la asamblea de los santos.

Libra su alma del abismo y sálvalo(a) por tu
misericordia,

–porque en el reino de la muerte nadie te alaba.

Que tu bondad y tu misericordia lo(a) acompañe
eternamente,

–y que habite en tu casa por años sin término.

Condúcelo(a) hacia las fuentes tranquilas de tu paraíso.

–y hazlo(a) recostar en las praderas verdes de tu reino.

A nosotros, que caminamos aún por las cañadas oscuras de este mundo, guíanos por el sendero justo –y haz que en tu vara y en tu cayado de pastor encontremos siempre nuestro sosiego.

Padre nuestro

Para que la luz de Cristo ilumine a los vivos y a los muertos, pidamos que a todos llegue el reino de Jesucristo: Padre nuestro,

Que estás en el cielo, santificado sea tu Nombre; venga a nosotros tu reino; hágase tu voluntad en la tierra como en el cielo. Danos hoy nuestro pan de cada día; perdona nuestras ofensas, como también nosotros perdonamos a los que nos ofenden; no nos dejes caer en la tentación, y líbranos del mal.

Oración

Señor, Dios nuestro, gloria de los fieles y vida de los justos, nosotros, los redimidos por la muerte y resurrección de tu Hijo, te pedimos que acojas con bondad a tu siervo(a) N., y, pues creyó en la futura resurrección merezca alcanzar los gozos de la eterna bienaventuranza. Por nuestro Señor Jesucristo, tu Hijo.

P. *Amén.*

Conclusión

L. El Señor nos bendiga, nos guarde de todo mal y nos lleve a la vida eterna.

P. *Amén*.

VÍSPERAS,
ORACIÓN DE LA TARDE

Invocación inicial

L. Dios mío, ven en mi auxilio.

P. *Señor, date prisa en socorrerme*.

Gloria al Padre, y al Hijo, y al Espíritu Santo. Como era en el principio, ahora y siempre, por los siglos de los siglos. Amén (Aleluya).

Himno

¿Cuándo, Señor, tendré el gozo de verte?
¿Por qué para el encuentro deseado
tengo que soportar, desconsolado,
el trágico abandono de la muerte?

Padre mío, ¿me has abandonado?
Encomiendo mi espíritu en tus manos.
Los dolores de muerte sobrehumanos
dan a luz el vivir tan esperado.

Se acabaron la lucha y el camino,
y, dejando el vestido corruptible,
revistióme mi Dios de incorruptible.

A la noche del tiempo sobrevino
el día del Señor; vida indecible,
 aun siendo mía, es ya vivir divino. Amén.

Salmodia

Antífona 1. El Señor te guarda de todo mal, él guarda
tu alma.

Salmo 120

Levanto mis ojos a los montes:
¿de dónde me vendrá el auxilio?
El auxilio me viene del Señor,
que hizo el cielo y la tierra.

No permitirá que resbale tu pie,
tu guardián no duerme;
no duerme ni reposa
el guardián de Israel.

El Señor te guarda a su sombra,
está a tu derecha;
de día el sol no te hará daño,
ni la luna de noche.

El Señor te guarda de todo mal,
él guarda tu alma;

el Señor guarda tus entradas y salidas, ahora y por siempre.

Gloria al Padre, y al Hijo, y al Espíritu Santo. Como era en el principio, ahora y siempre,
por los siglos de los siglos. Amén.

Antífona. El Señor te guarda de todo mal, él guarda tu alma.

Antífona 2. Si llevas cuenta de los delitos, Señor, ¿quién podrá resistir?

Salmo 129

Desde lo hondo a ti grito, Señor;
Señor, escucha mi voz;
estén tus oídos atentos
a la voz de mi súplica.

Si llevas cuenta de los delitos, Señor,
¿quién podrá resistir?
Pero de ti procede el perdón,
y así infundes respeto.

Mi alma espera en el Señor,
espera en su palabra;
mi alma aguarda al Señor,
más que el centinela la aurora.

Aguarda Israel al Señor,
como el centinela la aurora;

porque del Señor viene la misericordia,
la redención copiosa;
y él redimirá a Israel
de todos sus delitos.

Gloria al Padre, y al Hijo, y al Espíritu Santo.

Como era en el principio, ahora y siempre, por los siglos de los siglos. Amén.

Antífona. Si llevas cuenta de los delitos, Señor, ¿quién podrá resistir?

Antífona 3. Lo mismo que el Padre resucita a los muertos y les da vida, así también el Hijo da vida a los que quiere.

Cántico   *Flp* 2,6-11

Cristo, a pesar de su condición divina,
no hizo alarde de su categoría de Dios,
al contrario, se anonadó a sí mismo,
y tomó la condición de esclavo,
pasando por uno de tantos.

Y así, actuando como un hombre cualquiera,
se rebajó hasta someterse incluso a la muerte
y una muerte de cruz.
Por eso Dios lo levantó sobre todo
y le concedió el "Nombre-sobre-todo-hombre";
de modo que al nombre de Jesús toda rodilla se doble
en el cielo, en la tierra, en el abismo

y toda lengua proclame:
Jesucristo es Señor, para gloria de Dios Padre.

Gloria al Padre, y al Hijo, y al Espíritu Santo.

Como era en el principio, ahora y siempre, por los siglos de los siglos. Amén.

Antífona. Lo mismo que el Padre resucita a los muertos y les da vida, así también el Hijo da vida a los que quiere.

Lectura breve   1Cor 15, 55-57

¿Dónde está, muerte, tu victoria? ¿Dónde está, muerte, tu aguijón? El aguijón de la muerte es el pecado, y la fuerza del pecado es la ley. ¡Demos gracias a Dios, que nos da la victoria por nuestro Señor Jesucristo!

Responsorio breve

L. Por tu misericordia, Señor, dales el descanso eterno.
P. Por tu misericordia, Señor, dales el descanso eterno.
L. Tú, que vendrás a juzgar a los vivos y a los muertos.
P. Dales el descanso eterno.
L. Gloria al Padre, y al Hijo, y al Espíritu Santo.
P. Por tu misericordia, Señor, dales el descanso eterno.

140

Cántico evangélico

Antífona. Todos los que el Padre me ha entregado vendrán a mí, y el que venga a mí no lo echaré fuera.

Cántico de la Santísima Virgen María Lc 1, 46-55

Proclama mi alma la grandeza del Señor,
se alegra mi espíritu en Dios mi salvador;
porque ha mirado la humillación de su esclava.

Desde ahora me felicitarán todas las generaciones
porque el Poderoso ha hecho obras grandes por mí:
su nombre es santo
y su misericordia llega a sus fieles
de generación en generación.

Él hace proezas con su brazo:
dispersa a los soberbios de corazón,
derriba del trono a los poderosos
y enaltece a los humildes,
a los hambrientos los colma de bienes
y a los ricos los despide vacíos.

Auxilia a Israel, su siervo,
acordándose de su misericordia
—como lo había prometido a nuestros padres—
en favor de Abraham y su descendencia por siempre.

Gloria al Padre, y al Hijo, y al Espíritu Santo.

Como era en el principio, ahora y siempre, por los siglos de los siglos. Amén.

Antífona. Todos los que el Padre me ha entregado vendrán a mí, y el que venga a mí no lo echaré fuera.

Preces

Oremos, hermanos, a Cristo, el Señor, esperanza de los que vivimos aún en este mundo, y vida y resurrección de los que ya han muerto; llenos de confianza, digámosle:

–Tú que eres la vida y la resurrección, escúchanos.

Recuerda, Señor, que tu ternura y tu misericordia son eternas,

–y no te acuerdes de los pecados ni de las maldades de nuestro(a) hermano(a) N.

Por el honor de tu nombre, Señor, perdónale todas sus culpas,
–y haz que viva eternamente feliz en tu presencia.

Que habite en tu casa por días sin término,
–y goce de tu presencia contemplando tu rostro.

No rechaces a tu siervo(a) ni lo(la) olvides en el reino de la muerte,

—antes concédele gozar de tu dicha en el país de la vida.

Sé tú, Señor, el apoyo y la salvación de cuantos a ti acudimos:

—sálvanos y bendícenos, porque somos tu pueblo y tu heredad.

Padre nuestro

Que el mismo Señor, que lloró junto al sepulcro de Lázaro y que, en su propia agonía, acudió conmovido al Padre, nos ayude a decir: Padre nuestro,

Que estás en el cielo, santificado sea tu Nombre; venga a nosotros tu reino; hágase tu voluntad en la tierra como en el cielo. Danos hoy nuestro pan de cada día; perdona nuestras ofensas, como también nosotros perdonamos a los que nos ofenden; no nos dejes caer en la tentación, y líbranos del mal.

Oración

Señor, Dios nuestro, gloria de los fieles y vida de los justos, nosotros, los redimidos por la muerte y resurrección de tu Hijo, te pedimos que acojas con bondad a tu siervo(a) N., y, pues creyó en la futura resurrección, merezca alcanzar los gozos de la eterna bienaventuranza. Por nuestro Señor Jesucristo, tu Hijo.

P. *Amén.*

Conclusión

L. El Señor nos bendiga, nos guarde de todo mal y nos lleve a la vida eterna.

P. *Amén.*

**"Dios mío, mi defensor,
escúchame cuando te llamo.
Tú que alivias al afligido,
compadécete y oye mi oración"** (Sal 4)

144

3. EL SANTO ROSARIO

Oraciones iniciales:

Por la señal † de la santa Cruz, de nuestros enemigos, líbranos † Señor Dios nuestro. En el nombre del Padre, † y del Hijo y del Espíritu Santo. Amén

Guía: Señor mío Jesucristo.
Todos: *Dios y Hombre verdadero, me pesa de todo corazón de haber pecado, porque he merecido el infierno y perdido el cielo, y sobre todo, porque te ofendí a ti, que eres bondad infinita, a quien amo sobre todas las cosas. Propongo firmemente, con tu gracia, enmendarme y alejarme de las ocasiones de pecar, confesarme y cumplir la penitencia. Confío me perdonarás por tu infinita misericordia. Amén.*

Guía: Abre, Señor, mis labios.
Todos: *Para alabar tu nombre, y el de tu Santa Madre.*

Guía: Gloria al Padre, al Hijo y al Espíritu Santo.
Todos: *Como era en el principio, ahora y siempre por los siglos de los siglos. Amén.*

El que guía anuncia los *misterios* que se van a meditar: de gozo, de luz, de dolor, de gloria, y antes de cada decena se va enunciando el Misterio, rezando el Padrenuestro y a continuación diez Avemarías y un Gloria al Padre. Al final de cada Misterio se dicen las siguientes jaculatorias:

Guía: **María, Madre de gracia y madre de misericordia.**

Todos: *En la vida y en la muerte ampáranos gran Señora*.

Guía: Dale Señor el descanso eterno.

Todos: Y *brille para él (ella) la luz perpetua*.

Guía: Descanse en paz.

Todos: *Así sea*.

MISTERIOS DE GOZO. *Lunes y sábado*

1. Primer misterio: La Encarnación del Hijo de Dios (Lc 1, 37).

2. Segundo misterio: La visita de Nuestra Señora a santa Isabel (Lc 1, 39-56).

3. Tercer misterio: El nacimiento del Niño Jesús (Le 2,1-20).

4. Cuarto misterio: La presentación del Niño Jesús en el Templo (Lc 2,22-40).

5. Quinto misterio: El Niño Jesús perdido y hallado en el Templo (Lc 2, 41-52).

MISTERIOS DE LUZ. *Jueves*

1. Primer misterio: El Bautismo de Jesús en el Jordán (Mt 3, 13-17).

2. Segundo misterio: Jesús se da a conocer en las bodas de Caná (Jn 2, 1-12).

3. Tercer misterio: Jesús anuncia el Reino de Dios invitando a la conversión (Mc 1, 15).

146

4. Cuarto misterio: La transfiguración de Jesús (Lc 9, 35).

5. Quinto misterio: La institución de la Eucaristía, expresión sacramental del misterio pascual (Mc 15, 29-39).

MISTERIOS DE DOLOR. *Martes y viernes*

1. Primer misterio: La oración de Jesús en el huerto (Mc 14,32-42).

2. Segundo misterio: La flagelación de nuestro Señor Jesucristo (Mc 15,1-15).

3. Tercer misterio: La Coronación de espinas (Mc 15,16-20).

4. Cuarto misterio: Jesús con la cruz a cuestas (Mc 15,21-28).

5. Quinto misterio: La Crucifixión y muerte de nuestro Señor Jesucristo (Mc 15, 29-39).

MISTERIOS DE GLORIA. *Miércoles y domingos*

1. Primer misterio: La Resurrección del Hijo de Dios (Mt 28,1-8).

2. Segundo misterio: La Ascensión del Hijo de Dios (Hch 1, 6-11).

3. Tercer misterio: La venida del Espíritu Santo sobre los Apóstoles (Hch 2,1-13).

4. Cuarto misterio: La Asunción de nuestra Señora (Ap 12, 1).

5. Quinto misterio: La Coronación de nuestra Señora, como Reina de cielos y tierra (Lc 1, 46-50).

Al terminar los cinco Misterios se dice:

Guía: oh Soberano Santuario, Sagrario del Verbo Eterno.

Todos: *Libra, Virgen, del infierno a los que rezan tu Rosario.*

Guía: Emperatriz poderosa de los mortales consuelo.

Todos: *Ábrenos, Virgen, el cielo con una muerte dichosa.*

Guía: Padre nuestro, que estás en el cielo, santificado sea tu Nombre; venga a nosotros tu reino; hágase tu voluntad en la tierra como en el cielo.

Todos: *Danos hoy nuestro pan de cada día, perdona nuestras ofensas, como también nosotros perdonamos a los que nos ofenden, no nos dejes caer en la tentación, y líbranos del mal.*

Guía: Dios te salve, María Santísima, hija de Dios Padre, Virgen purísima y castísima antes del parto, en tus manos encomiendo mi fe para que la alumbres, llena eres de gracia, etc.

Todos: *Santa María...*

Guía: Dios te salve, María, Madre de Dios Hijo, Virgen purísima y castísima en el parto, en tus manos encomiendo mi esperanza para que la alientes, llena eres de gracia, etc.

Todos: *Santa María...*

Guía: Dios te salve, María, esposa del Espíritu Santo, Virgen purísima y castísima después del parto, en tus manos encomiendo mi caridad para que la inflames, llena eres de gracia, etc.

Todos: *Santa María...*

Guía: Dios te salve, María, templo, trono y sagrario de la Santísima Trinidad, Virgen concebida sin la culpa original, Dios te salve.

Todos: *Reina y Madre de misericordia, vida, dulzura, y esperanza nuestra: Dios te salve; a ti llamamos los desterrados hijos de Eva; a ti suspiramos gimiendo y llorando en este valle de lágrimas. Ea, pues, Señora, abogada nuestra, vuelve a nosotros esos tus ojos misericordiosos y después de este destierro muéstranos a Jesús, fruto bendito de tu vientre, ¡Oh clemente! ¡Oh piadosa! ¡Oh dulce Virgen María! Ruega por nosotros, Santa Madre de Dios, para que seamos dignos de alcanzar las promesas de nuestro Señor Jesucristo. Amén.*

Letanías de la Santísima Virgen

Señor, ten piedad de él (ella).
Cristo, ten piedad de él (ella).
Señor, ten piedad de él (ella).

Cristo, óyenos.
Cristo, escúchanos.
Dios Padre celestial.   *Ten piedad de él (ella)*

Dios Hijo, Redentor del mundo.   "

Espíritu Santo.   "

Santísima Trinidad,   "

que eres un solo Dios.   "

Santa María.   *Ruega por él (ella)*

Santa Madre de Dios.   "

Santa Virgen de las vírgenes.   "

Madre de Jesucristo.   "

Madre de la divina gracia.   "

Madre Purísima.   "

Madre Castísima.   "

Madre Inmaculada.   "

Madre Admirable.   "

Madre Amable.   "

Madre Virgen.   "

Madre del Buen Consejo.   "

Madre del Creador.   "

Madre del Salvador   "

Madre de la Iglesia.   "

Virgen Prudentísima.   "

Virgen Venerable.   "

Virgen Laudable.   "

Virgen Poderosa.   "

Virgen Misericordiosa.   "

Virgen Fiel.   "

Espejo de Justicia.   "

Trono de la Sabiduría.   "

Causa de nuestra Alegría.   "

Vaso Espiritual.   "

Vaso Digno de Honor.   "

Vaso de Insigne Devoción.   "

Vaso Precioso de la Gracia.   *Ruega por él (ella)*

Rosa Mística.   ,,
Torre de David.   ,,
Torre de Marfil.   ,,
Casa de Oro.   ,,
Arca de la Alianza.   ,,
Puerta del Cielo.   ,,
Estrella de la Mañana.   ,,
Salud de los Enfermos.   ,,
Consoladora de los Afligidos.   ,,
Refugio de los Pecadores.   ,,
Auxilio de los Cristianos.   ,,
Reina de los Ángeles.   ,,
Reina de los Patriarcas.   ,,
Reina de los Profetas.   ,,
Reina de los Apóstoles.   ,,
Reina de los Mártires.   ,,
Reina de los Confesores.   ,,
Reina de las Vírgenes.
Reina de todos los Santos.   ,,
Reina concebida sin pecado original.   ,,
Reina elevada al cielo.   ,,
Reina del Santo Rosario.   ,,
Reina de la paz.   ,,
Cordero de Dios, que quitas el pecado
del mundo.   *Perdónalo(a) Señor.*
Cordero de Dios, que quitas el pecado
del mundo.   *Escúchalo(a) Señor.*
Cordero de Dios, que quitas el pecado del mundo.
          Ten piedad y misericordia de él(ella).

Guía: Bajo tu amparo nos acogemos, Santa Madre de Dios, no desprecies las súplicas que te hacemos en nuestras necesidades, antes bien, líbranos de todos los peligros, oh Virgen gloriosa y bendita.

Ruega por nosotros, Santa Madre de Dios.

Todos: *Para que seamos dignos de alcanzar las promesas de nuestro Señor Jesucristo. Amén.*

Oración

Guía: Oh Dios, cuyo Unigénito Hijo, con su vida, muerte y resurrección, nos alcanzó el premio de la vida eterna: concédenos, a los que recordamos estos misterios del Santo Rosario, imitar lo que contienen y alcanzar lo que prometen. Por el mismo Jesucristo, nuestro Señor.

Todos: Amén.

Ofrecimiento del Santo Rosario

Guía: Por estos Misterios santos de que hemos hecho recuerdo, te pedimos ¡Oh María! de la Fe santa el aumento; la exaltación de la Iglesia, del Papa el mejor acierto; de la Nación Mexicana, la unión y feliz gobierno. Que el gentil conozca a Dios, y el sectario vea sus errores. Que todos los pecadores tengamos arrepentimiento. Que los cautivos cristianos sean libres del cautiverio. Goce puerto el navegante y de salud los enfermos. Que en el Purgatorio logren las ánimas

152

refrigerio. Y que este santo ejercicio tenga efecto tan completo en toda la cristiandad, que alcancemos por su medio, el ir a alabar a Dios en tu compañía en el cielo. Amén.

Conclusión

Guía: Reina del Santísimo Rosario.
Todos: *Ruega por nosotros.*

Guía: Viva la gracia.
Todos: *Muera el pecado.*

Guía: Dale Señor el descanso eterno.
Todos: *Y brille para él (ella) la luz perpetua.*

Guía: Descanse en paz.
Todos: *Así sea*

Guía: Ave María purísima.
Todos: *En gracia de Dios concebida.*

"María es la que CONOCE MÁS A FONDO EL MISTERIO DE LA MISERICORDIA DIVINA. Sabe su precio y sabe cuán alto es. En este sentido la llamamos MADRE DE LA MISERICORDIA: Virgen de la Misericordia o Madre de la Divina Misericordia"
(*La Misericordia Divina*: Juan Pablo II)

153

4. MISA EXEQUIAL

1. Antífona de Entrada   *Cfr.* 4 Esdr 2, 34-35

Todos: Dales, Señor, el descanso eterno y brille para ellos la luz perpetua.

O bien, en tiempo pascual: 1Tes 4, 14; 1Cor 15, 22

Todos: Así como creemos que Jesús murió y resucitó, de la misma manera debemos creer que Dios llevará consigo a los que mueren en Jesús. Así como todos mueren en Adán, así también todos revivirán en Cristo. Aleluya.

2. Saludo

Sacerdote: En el nombre del Padre, † y del Hijo, y del Espíritu Santo.

Amén.

Sacerdote: La gracia de nuestro Señor Jesucristo, el amor del Padre y la comunión del Espíritu Santo estén con todos vosotros.

Todos: Y con tu espíritu.

3. Acto penitencial

Sacerdote: Hermanos: para celebrar dignamente estos sagrados misterios, reconozcamos nuestros pecados.

Todos: Yo confieso ante Dios todopoderoso y ante vosotros, hermanos, que he pecado mucho de pensamiento, palabra, obra y omisión. Por mi culpa, por mi culpa, por mi gran culpa. Por eso ruego a santa María, siempre Virgen, a los ángeles, a los santos y a vosotros, hermanos, que intercedáis por mí ante Dios, nuestro Señor.

Sacerdote: Dios todopoderoso tenga misericordia de nosotros, perdone nuestros pecados y nos lleve a la vida eterna.

Todos: Amén.

4. Señor, ten piedad.

Sacerdote: Señor, ten piedad.
Todos: Señor, ten piedad.

Sacerdote: Cristo, ten piedad.
Todos: Cristo, ten piedad.

Sacerdote: Señor, ten piedad.
Todos: Señor, ten piedad.

Oración colecta

Sacerdote: Dios, Padre todopoderoso, apoyados en nuestra fe, que proclama la muerte y resurrección de tu Hijo, te pedimos que concedas a nuestro(a) hermano(a) N., que así como ha participado ya de la muerte de Cristo, llegue también a participar de la alegría de su gloriosa resurrección. Por nuestro Señor Jesucristo. Él, que vive y reina contigo en la unidad del Espíritu Santo y es Dios por los siglos de los siglos.

Todos: **Amén.**

O bien, en tiempo pascual:

Sacerdote: Escucha, Señor, nuestras súplicas, y concédenos que al proclamar nuestra fe en la resurrección de tu Hijo, se afiance también nuestra esperanza en la resurrección de nuestro(a) hermano(a) N. Por nuestro Señor Jesucristo. Él, que vive y reina contigo en la unidad del Espíritu Santo y es Dios por los siglos de los siglos.

Todos: **Amén.**

5. Liturgia de la Palabra

PRIMERA LECTURA

Lectura del libro del profeta Isaías 25,6. 7-9.

En aquel día el Señor del universo preparó sobre este monte un festín de manjares suculentos para todos los pueblos. Él arrancará en este monte el velo que cubre el rostro de todos los pueblos, el velo que cubre a todas las naciones. Aniquilará la muerte para siempre; el Señor Dios enjugará las lágrimas de todos los rostros y alejará el oprobio de su pueblo en todo el país. Así lo ha dicho el Señor. En aquel día se dirá: "Aquí está nuestro Dios, de quien esperábamos que nos salvara; alegrémonos y gocémonos por la salvación que nos trae". Palabra de Dios.

Todos: Te alabamos, Señor.

6. Salmo responsorial   Del Salmo 41

Lector: De ti Señor, mi Dios, estoy sediento.
Todos: De ti Señor, mi Dios, estoy sediento.

Lector: Como el venado anhela estar junto al arroyo, así desea mi alma, Señor, estar contigo.
Todos: De ti Señor, mi Dios, estoy sediento.

Lector: Otros tiempos recuerdo, para alivio del alma, cuando me dirigía a la casa de Dios en medio del bullicio festivo y jubiloso del pueblo que alababa con cantos al Señor.
Todos: De ti Señor, mi Dios, estoy sediento.

Lector: Al altar del Señor me acercaré, al Dios que es mi alegría; y a mi Dios, el Señor, le daré gracias al compás de la cítara.
Todos: De ti Señor, mi Dios, estoy sediento.

Lector: Envíame, Señor, tu luz y tu verdad, que ellos sean mi guía y hasta tu monte santo me conduzcan, al lugar donde habitas.
Todos: De ti Señor, mi Dios, estoy sediento.

Lector: ¿Por qué te desalientas, alma mía? ¿Por qué esa agitación? Espera en Dios, que aún he de decirle "Mi Dios y salvador".

Todos: De ti Señor, mi Dios, estoy sediento.

SEGUNDA LECTURA

Lectura de la carta del apóstol san Pablo a los Romanos 6, 3- 9.

Hermanos: Todos los que hemos sido bautizados en Cristo Jesús, hemos sido bautizados en su muerte. Por el bautismo fuimos sepultados con él en su muerte, para que, así como Cristo resucitó de entre los muertos por la gloria del Padre, así también nosotros emprendamos una vida nueva. Porque, si hemos estado íntimamente unidos a él por una muerte semejante a la suya, también lo estaremos en su resurrección. Sabemos que nuestro viejo yo, fue crucificado con Cristo, para que el cuerpo del pecado quedara destruido, a fin de que ya no sirvamos al pecado, pues el que ha muerto queda libre del pecado. Por tanto si hemos muerto con Cristo, estamos seguros de que también viviremos con él; pues sabemos que Cristo, una vez resucitado de entre los muertos, ya no morirá nunca. La muerte ya no tiene dominio sobre él.

Palabra de Dios.

Todos: Te alabamos, Señor.

7. Aclamación

Lector: Aleluya, aleluya.

Todos: Aleluya, aleluya.

Lector: Dichosos desde ahora los muertos, si han muerto en el Señor. Que descansen ya de sus fatigas, porque sus obras los acompañan.

Todos: Aleluya, aleluya.

8. Evangelio

Lectura del santo Evangelio según san Juan 11, 17-27.

Todos: Gloria a ti, Señor.

En aquel tiempo, cuando Jesús llegó a Betania, Lázaro llevaba ya cuatro días en el sepulcro. Betania quedaba cerca de Jerusalén, como a unos dos kilómetros y medio, y muchos judíos habían ido a ver a Marta y a María, para consolarlas por la muerte de su hermano. Apenas oyó Marta que Jesús llegaba, salió a su encuentro, pero María se quedó en casa. Le dijo Marta a Jesús: "Señor, si hubieras estado aquí, no habría muerto mi hermano. Pero aun ahora, estoy segura de que Dios te concederá cuanto le pidas". Jesús le dijo: "Tu hermano resucitará". Marta respondió: "Ya sé que resucitará en la resurrección del último día". Jesús le dijo: "Yo soy la resurrección y la vida. El que cree en mí, aunque haya muerto vivirá; y todo aquel que está vivo y cree en mí, no morirá para siempre.

¿Crees tú esto?" Ella le contestó: "Sí, Señor. Creo firmemente que tú eres el Mesías, el Hijo de Dios, el que habría de venir al mundo".

Palabra del Señor.

Todos: Gloria a ti, Señor Jesús.

9. Oración Universal

Sacerdote: Oremos, hermanos, a nuestro Padre celestial, que nos consuela en todas nuestras penas, y pidámosle que conceda la vida eterna a los que nos dejaron y se durmieron en el Señor. Digámosle llenos de confianza: te rogamos, Señor.

Todos: Te rogamos, Señor.

Lector: Por la santa Iglesia de Dios, para que anuncie sin cansarse el alegre mensaje de la esperanza futura a todos los pueblos de la tierra, roguemos al Señor.

Todos: Te rogamos, Señor.

Lector: Por todos los hombres que, sin el consuelo de la fe, lloran ante la muerte, para que Dios les revele la gloria de la inmortalidad futura, roguemos al Señor.

Todos: Te rogamos. Señor.

Lector: Por nuestro(a) hermano(a) N., para que pueda presentarse perdonado(a) ante el trono de Dios, roguemos al Señor.

Todos: Te rogamos, Señor.

Lector: Para que resucite lleno(a) de vida y de gloria al fin de los tiempos, roguemos al Señor.

Todos: Te rogamos, Señor.

Lector: Por nosotros, los que aún permanecemos en este mundo, para que sepamos consolarnos mutuamente con palabras de fe y de esperanza, hasta que salgamos al encuentro de Cristo y nos reunamos con nuestro(a) hermano(a) en el cielo, roguemos al Señor.

Todos: Te rogamos, Señor.

Aquí se pueden añadir otras intenciones.

Sacerdote: Dios todopoderoso y eterno, Padre lleno de bondad, recibe las súplicas que te dirigimos en favor de tus fieles difuntos, líbranos de nuestras culpas y concédenos la gracia de la resurrección. Por Cristo nuestro Señor.

Todos: Amén.

10. Liturgia de la Eucaristía

PRESENTACIÓN DEL PAN

Sacerdote: Bendito seas, Señor, Dios del universo, por este pan, fruto de la tierra y del trabajo del hombre, que recibimos de tu generosidad y ahora te presentamos; él será para nosotros pan de vida.

Todos: Bendito seas por siempre, Señor.

PRESENTACIÓN DEL VINO

Sacerdote: Bendito seas, Señor, Dios del universo, por este vino, fruto de la vid y del trabajo del hombre, que recibimos de tu generosidad y ahora te presentamos; él será para nosotros bebida de salvación.

Todos: Bendito seas por siempre, Señor.

ORAD HERMANOS

Sacerdote: Orad hermanos, para que este sacrificio mío y vuestro, sea agradable a Dios, Padre todopoderoso.

Todos: El Señor reciba de tus manos este sacrificio, para alabanza y gloria de su nombre, para nuestro bien y el de toda su santa Iglesia.

11. Oración sobre las ofrendas

Sacerdote: Te ofrecemos, Señor, este sacrificio de reconciliación por nuestro(a) hermano(a) N., para que pueda encontrar como juez misericordioso a tu Hijo Jesucristo, a quien por medio de la fe reconoció como su Salvador. Por Jesucristo, nuestro Señor. Él, que vive y reina contigo en la unidad del Espíritu Santo y es Dios por los siglos de los siglos.

Todos: Amén

O bien, durante el tiempo pascual:

Sacerdote: Mira, Señor, con bondad las ofrendas que te presentamos por nuestro(a) hermano(a) N. y recíbelo en la gloria con tu Hijo, al cual nos unimos al celebrar el memorial de su amor. Por Jesucristo, nuestro Señor.

Todos: Amén.

PREFACIO

Sacerdote: El Señor esté con vosotros.
Todos: Y con tu espíritu.

Sacerdote: Levantemos el corazón.
Todos: Lo tenemos levantado hacia el Señor.

Sacerdote: Demos gracias al Señor, nuestro Dios.
Todos: Es justo y necesario.

Sacerdote: En verdad es justo y necesario, es nuestro deber y salvación darte gracias siempre y en todo lugar, Señor, Padre santo, Dios todopoderoso y eterno, por Cristo nuestro Señor. En el cual resplandece la esperanza de nuestra feliz resurrección; y así, aunque la certeza de morir nos entristece, nos consuela la promesa de la futura inmortalidad. Pues, para quienes creemos en ti, Señor, la vida se transforma, no se acaba; y disuelta nuestra morada terrenal, se nos prepara una mansión eterna en el cielo. Por eso, con los ángeles y los arcángeles y con todos los coros celestiales, cantamos sin cesar el himno de tu gloria:

Todos: Santo, Santo, Santo es el Señor, Dios del universo. Llenos están el cielo y la tierra de tu gloria.

Hosanna en el cielo. Bendito el que viene en nombre del Señor. Hosanna en el cielo.

12. Oración Eucarística II

Sacerdote: Santo eres en verdad, Señor, fuente de toda santidad; por eso te pedimos que santifiques estos dones con la efusión de tu Espíritu, de manera que sean para nosotros Cuerpo y † Sangre de Jesucristo, nuestro Señor.

El cual, cuando iba a ser entregado a su Pasión, voluntariamente aceptada, tomó pan, dándote gracias, lo partió y lo dio a sus discípulos, diciendo:

TOMEN Y COMAN TODOS DE ÉL,

PORQUE ESTO ES MI CUERPO,

QUE SERÁ ENTREGADO POR USTEDES.

Del mismo modo, acabada la cena, tomó el cáliz y, dándote gracias de nuevo lo pasó a sus discípulos, diciendo:

TOMEN Y BEBAN TODOS DE ÉL,

PORQUE ESTE ES EL CALIZ DE MI SANGRE,

SANGRE DE LA ALIANZA NUEVA Y ETERNA,

QUE SERÁ DERRAMADA

POR USTEDES Y POR MUCHOS

PARA EL PERDÓN DE LOS PECADOS.

HAGAN ESTO EN CONMEMORACIÓN MÍA.

Sacerdote: Este es el sacramento de nuestra fe.

Todos: Anunciamos tu muerte, proclamamos tu resurrección. ¡Ven, Señor Jesús!

Sacerdote: Así, pues, Padre, al celebrar ahora el memorial de la muerte y resurrección de tu Hijo, te ofrecemos el pan de vida y el cáliz de salvación, y te damos gracias porque nos haces dignos de servirte en tu presencia. Te pedimos humildemente que el Espíritu Santo congregue en la unidad a cuantos participamos del Cuerpo y Sangre de Cristo.

Acuérdate, Señor, de tu Iglesia extendida por toda la tierra; y con el Papa Juan Pablo II, con nuestro Obispo N. y todos los pastores que cuidan de tu pueblo, llévala a su perfección por la caridad.

Recuerda a tu hijo (hija) N., a quien llamaste (hoy) de este mundo a tu presencia; concédele que, así como ha compartido ya la muerte de Jesucristo, comparta también con él la gloria de la resurrección.

Acuérdate también de nuestros hermanos que se durmieron en la esperanza de la resurrección, y de todos los que han muerto en tu misericordia; admítelos a contemplar la luz de tu rostro. Ten misericordia de todos nosotros, y así, con María, la Virgen Madre de Dios, los apóstoles y cuantos vivieron en tu amistad a través de los tiempos, merezcamos, por tu Hijo Jesucristo, compartir la vida eterna y cantar tus alabanzas.

Por Cristo, con él y en él, a ti, Dios Padre omnipotente, en la unidad del Espíritu Santo, todo honor y toda gloria por los siglos de los siglos.

Todos: **Amén.**

PADRENUESTRO

Sacerdote: Fieles a la recomendación del Salvador y siguiendo su divina enseñanza, nos atrevemos a decir:

Todos: **Padre nuestro, que estás en el cielo, santificado sea tu Nombre; venga a nosotros tu reino; hágase tu voluntad en la tierra como en el cielo. Danos hoy nuestro pan de cada día; perdona nuestras ofensas, como también nosotros perdonamos a los que nos ofenden; no nos dejes caer en la tentación, y líbranos del mal.**

Sacerdote: **Líbranos de todos los males, Señor, y concédenos la paz en nuestros días, para que, ayudados por tu misericordia, vivamos siempre libres de pecado y protegidos de toda perturbación, mientras esperamos la gloriosa venida de nuestro Salvador Jesucristo.**

Todos: **Tuyo es el reino, tuyo el poder y la gloria, por siempre, Señor.**

LA PAZ

Sacerdote: **Señor Jesucristo, que dijiste a tus apóstoles: "La paz os dejo, mi paz os doy", no tengas en** cuenta nuestros pecados, sino la fe de tu Iglesia y, conforme a tu palabra, concédele la paz y la unidad. Tú que vives y reinas por los siglos de los siglos.

Todos: Amén.

Sacerdote: La paz del Señor esté siempre con vosotros.

Todos: Y con tu espíritu.

Sacerdote: Daos fraternalmente la paz.

FRACCIÓN DEL PAN

Sacerdote: El Cuerpo y la Sangre de nuestro Señor Jesucristo, unidos en este cáliz, sean para nosotros alimento de vida eterna.

Todos: Cordero de Dios, que quitas el pecado del mundo, ten piedad de nosotros.

Cordero de Dios, que quitas el pecado del mundo, ten piedad de nosotros.

Cordero de Dios, que quitas el pecado del mundo, danos la paz.

Enseguida, el sacerdote dice en secreto:

Señor Jesucristo, la comunión de tu Cuerpo y de tu Sangre no sea para mí un motivo de juicio y condenación, sino que, por tu piedad, me aproveche para defensa de alma y cuerpo y como remedio saludable.

Sacerdote: Este es el Cordero de Dios, que quita el pecado del mundo. Dichosos los invitados a la cena del Señor.

Todos: Señor, no soy digno de que entres en mi casa, pero una palabra tuya bastará para sanarme.

13. Antífona de la comunión   *Cfr.* 4 Esdr 2, 34-35

Todos: Brille, Señor, para ellos la luz perpetua y vivan siempre en compañía de tus santos, ya que eres misericordioso. Dales, Señor, el descanso eterno, brille para ellos la luz perpetua y vivan siempre en compañía de tus santos, ya que eres misericordioso.

14. Oración después de la Comunión

Sacerdote: Por esta Eucaristía, que tu Hijo nos dejó como alimento para el camino de esta vida, concédenos, Señor, que nuestro(a) hermano(a) N., sea conducido(a) al banquete de tu Reino. Por Jesucristo, nuestro Señor.

Todos: Amén.

O bien, durante el tiempo pascual:

Sacerdote: Que nuestro(a) hermano(a) N., por quien hemos celebrado este sacrificio de reconciliación,

168

pueda llegar, Señor, al Reino de la luz y de la paz. Por Jesucristo, nuestro Señor.

Todos: Amén.

15. Despedida

Sacerdote: El Señor esté con vosotros.

Todos: Y con tu espíritu.

Sacerdote: La bendición de Dios todopoderoso, Padre, Hijo † y Espíritu Santo, descienda sobre vosotros.

Todos: Amén.

Sacerdote: Podéis ir en paz.

Todos: Demos gracias a Dios.

ÚLTIMA RECOMENDACIÓN Y DESPEDIDA

Cerca del féretro, y acompañado de los ministros que tienen el agua bendita y el incienso, el sacerdote invita a los presentes con las siguientes palabras:

Hermanos: Puesto que vamos a cumplir con el deber de dar sepultura a un cuerpo humano, según la costumbre de los fieles, pidamos con mucha confianza a Dios, para quien todos están vivos, que el cuerpo débil de este(a) hermano(a) nuestro(a) que vamos a sepultar, resucite el último día con la perfección y cualidades de los santos,

169

y que su alma pueda sumarse desde ahora a las de los santos y fieles. Vamos a pedir para que Dios tenga misericordia de él (ella) en el juicio y que, rescatado(a) de la muerte, pagadas todas sus deudas, reconciliado(a) con el Padre y llevado(a) en los hombros del Buen Pastor, merezca gozar en el séquito del Rey Eterno, de la alegría perpetua y de la compañía de los santos.

Y todos oran unos momentos en silencio.

Despedida

Aquí el sacerdote rocía e inciensa el cuerpo, y se dice el cántico de despedida:

Sacerdote: Recibid su alma: ofrecedla en la presencia del Altísimo.

Todos: Recibid su alma: ofrecedla en la presencia del Altísimo.

Sacerdote: Acudid, santos de Dios, salid a su encuentro, ángeles del Señor.

Todos: Recibid su alma: ofrecedla en la presencia del Altísimo.

Sacerdote: Que Cristo, que te llamó, te reciba; y que el coro de los ángeles te introduzca en el cielo.

Todos: Recibid su alma: ofrecedla en la presencia del Altísimo.

170

Sacerdote: Dale, Señor, el descanso eterno y brille para él(ella) la luz perpetua.

Todos: Recibid su alma: ofrecedla en la presencia del Altísimo.

Se puede entonar algún canto apropiado (véase página 270); si no se puede, es oportuno que se hagan algunas preces por el difunto.

Oración

Sacerdote: Padre clementísimo, te encomendamos el alma de nuestro(a) hermano(a), apoyados en la certeza de que resucitará en el último día con Cristo y con todos los que han muerto en Cristo. (Te damos gracias por todos los beneficios que a este(a) hijo(a) tuyo(a) le concediste en vida, y que son ahora las señales de que él (ella) está en comunión con los santos en Cristo).

Que tu corazón misericordioso se conmueva, Señor, por nuestras plegarias; abre a tu hijo(a) las puertas del cielo, y a nosotros, que permanecemos en este mundo, consuélanos con las palabras de la fe, hasta que un día, todos encontremos a Cristo y permanezcamos con él y con nuestro(a) hermano(a). Por Jesucristo nuestro Señor.

Todos: Amén.

Mientras se saca el cuerpo, puede cantarse la antífona siguiente:

Al paraíso te lleven los ángeles, a tu llegada te reciban los mártires y te introduzcan en la ciudad santa de Jerusalén.

JUNTO AL SEPULCRO

Bendición del sepulcro

Si el sepulcro no está bendito, bendígase antes de depositar el cuerpo en él.

Sacerdote: Señor Jesucristo, que por estar tres días en el sepulcro santificaste todos los sepulcros de los que creen en ti, de tal manera que al descender los cuerpos a la tierra, aumenta la esperanza de la resurrección, concédenos que en este sepulcro duerma en paz tu hijo(a) y aquí descanse hasta que tú, que eres la resurrección y la vida, lo(la) ilumines al resucitarlo(a) y que en la luz de tu rostro, contemple la luz eterna del cielo. Tú que vives y reinas por los siglos de los siglos.

Todos: Amén.

Aquí se puede rociar con agua bendita el sepulcro y el cuerpo del difunto.

Rito de inhumación

Mientras se coloca el cuerpo en el sepulcro, o en otro momento oportuno, el sacerdote puede decir:

Dios todopoderoso ha llamado a nuestro(a) hermano(a) y nosotros ahora enterramos su cuerpo, para que vuelva a la tierra de donde fue sacado(a). Con la fe puesta en la resurrección de Cristo, primogénito de los muertos, creemos que él transformará nuestro cuerpo humillado y lo hará semejante a su cuerpo glorioso. Por eso encomendamos nuestro(a) hermano(a) al Señor para que lo(la) resucite en el último día y lo(la) admita en la paz de su Reino.

En este momento, si cree oportuno, se puede hacer una pequeña reflexión.

Preces finales

Sacerdote: Pidamos por nuestro(a) hermano(a) a Jesucristo nuestro Señor, el cual dijo: "Yo soy la resurrección y la vida; el que cree en mí, aunque muera, vivirá; y todo el que vive y cree en mí, no morirá jamás".

Lector: Tú que lloraste por la muerte de Lázaro, enjuga nuestras lágrimas.

Todos: Escúchanos, Señor.

Lector: Tú que llamaste a los muertos a la vida, dale a este(a) hermano(a) nuestro(a) la vida eterna.

Todos: Escúchanos, Señor.

Lector: Tú que prometiste el paraíso al ladrón arrepentido, introduce en el cielo a este(a) hermano(a) nuestro(a).

Todos: Escúchanos, Señor.

Lector: Tú que alimentaste a nuestro(a) hermano(a) con el sagrado banquete de tu Cuerpo y Sangre, admítelo(a) en la mesa de tu Reino.

Todos: Escúchanos, Señor.

Sacerdote: Y a todos nosotros, Señor, que estamos afligidos por la muerte de nuestro(a) hermano(a) anímanos con el consuelo de la fe y la esperanza a la vida eterna.

Todos: Escúchanos, Señor.

Después todos pueden recitar el Padre nuestro, o el celebrante puede decir esta oración:

Señor, ten misericordia de tu siervo(a), para que no sufra el castigo por sus faltas, pues deseó cumplir tu voluntad. La verdadera fe lo(la) unió aquí en la tierra, al pueblo fiel; que tu bondad, lo(la) una al coro de los ángeles y elegidos. Por Jesucristo nuestro Señor.

Todos: Amén.

Como conclusión de todo el rito, puede entonarse un canto apropiado. Véase página 270.

> **"Mientras estamos siempre entregados a la muerte por amor de Jesús, para que la vida de Jesús se manifieste también en nuestra carne mortal... sabiendo que quien resucitó al Señor Jesús, también con Jesús nos resucitará..."** (*El sentido cristiano del sufrimiento humano*:
> **Juan Pablo II)**

174

5. DIVERSAS ORACIONES
POR LOS DIFUNTOS

Oración por el padre difunto

Dios nuestro, de quien procede toda paternidad en el cielo y en la tierra; acuérdate en tu misericordia de tu siervo N., que en el mundo ha sido padre amoroso con nosotros. Lleva su alma a la paz eterna y concédele allí el premio de su amor y abnegación.

Tú, Señor, ves el dolor de su esposa y la orfandad de sus hijos; te pedimos protejas a los que hemos quedado huérfanos en la tierra para que vayamos creciendo en cuerpo y alma. Por Jesucristo nuestro Señor. Amén.

Oración por la madre difunta

Señor Jesucristo, Hijo de Dios, que quisiste tener una madre en la tierra; mira con ojos de compasión a tu sierva N., a quien has llamado del seno de nuestra familia.

Bendice el amor que siempre nos tuvo en la tierra, y haz que, desde el cielo, pueda seguir ayudándonos. Toma bajo tu protección misericordiosa a nosotros, a quienes ella ha tenido que abandonar en la tierra. Tú que vives y reinas por los siglos de los siglos. Amén.

Oración por los padres difuntos

Señor, tú que nos has mandado honrar a quienes nos dieron la vida, ten misericordia de mis padres (nuestros padres), perdónales sus pecados y haz que volvamos a encontrarnos en el gozo eterno de tu gloria. Por Jesucristo, nuestro Señor. Amén.

Oración del (de la) esposo(a) por su cónyuge difunto

Señor, ábrele los brazos de tu misericordia a mi esposa(o) y confórtame con la firme esperanza de reunirme un día con la(el) compañera(o) de mi vida en la plenitud de tu amor eterno. Por Jesucristo, nuestro Señor. Amén.

Oración por un hermano, o un pariente o bienhechor difunto

Dios nuestro, fuente de perdón y de salvación, por intercesión de la Virgen María y de todos los santos, concede a mi hermano(a) N. (pariente N., bienhechor N.), que ha salido ya de este mundo, alcanzar la vida eterna. Por Jesucristo, nuestro Señor. Amén.

Oración de los padres por un hijo difunto

Recibe, Señor, el alma de nuestro hijo que has querido llamar cerca de ti; libre de toda culpa, llegue a participar de la vida eterna y de la luz que jamás terminará, y unirse a los santos y elegidos en la gloria de la resurrección. Por Jesucristo, nuestro Señor. Amén.

Oración por un joven difunto

A ti, Señor, que eres el dueño de la vida humana, y quien dispone su término, te encomendamos a nuestro hermano N. (se dice el nombre), cuya temprana muerte nos aflige, para que su juventud vuelva a florecer junto a ti, en tu casa y para siempre. Por Jesucristo, nuestro Señor. Amén.

Oración por un niño difunto

Señor, tú que conoces la pena que nos embarga por la muerte de este niño N., consuélanos con el pensamiento de que ya vive feliz, junto a ti, en la gloria. Por Jesucristo, nuestro Señor. Amén.

Oración por un difunto
que ha padecido una larga enfermedad

Señor y Dios nuestro, que concediste a nuestro(a) hermano(a) N., mantenerse fiel a ti en su larga y penosa enfermedad y seguir el ejemplo de paciencia de tu Hijo, concédele también alcanzar el premio de su gloria. Por Jesucristo, nuestro Señor. Amén.

Oración por un difunto que ha muerto
en accidente o repentinamente

Señor, que tu infinita bondad nos consuele en el dolor de esta muerte inesperada e ilumine nuestra pena, con la firme confianza de que nuestro(a) hermano(a) N., vive ya feliz en tu compañía. Por Jesucristo, nuestro Señor. Amén.

Oración por un difunto

Dios nuestro, ante quien los muertos viven y en quien los santos encuentran la felicidad eterna, escucha nuestras súplicas por nuestro(a) hermano(a) N., que ha sido privado(a) de la luz de este mundo, y concédele gozar eternamente de la claridad de tu presencia. Por Jesucristo, nuestro Señor. Amén.

Oración en el aniversario de un difunto

Al conmemorar el aniversario de la muerte de tu hijo(a) N., te pedimos, Señor, que derrames sobre él (ella) tu misericordia y le concedas participar del premio de tus elegidos. Por Jesucristo, nuestro Señor. Amén.

"Santo y saludable es rogar por los difuntos a fin de que sean libres de las penas de sus pecados" (2 Macabeos 12,46)

---

6. ORACIONES AL VISITAR EL PANTEÓN

Oración por todos los difuntos

Dios todopoderoso, por la muerte de Jesucristo, tu Hijo, destruiste nuestra muerte; por su reposo en el sepulcro santificaste las sepulturas y por su gloriosa resurrección nos restituiste la vida a la inmortalidad.

Escucha nuestra oración por aquellos que, muertos en Cristo y consepultados con él, anhelan la feliz esperanza de la resurrección.

Concede, Señor de vivos y de muertos, a cuantos en la tierra te conocieron por la fe, alabarte sin fin en el cielo. Por Jesucristo, nuestro Señor. Amén.

Oración por un familiar o amigo

Autor de la vida y Señor de los difuntos, acuérdate de tu siervo(a) N., que ha comido tu Cuerpo y bebido tu Sangre y ha ido al descanso confiando en ti.

Cuando vengas con majestad, acompañado de tus ángeles, resucítalo(a) de su sepulcro y sácalo(a) del polvo, revístelo(a) con traje de honor y colócalo(a) a tu derecha, para que contigo entre en la morada del cielo y alabe tu bondad. Tú que vives y reinas por los siglos de los siglos. Amén.

7. ORACIONES POR LAS BENDITAS ÁNIMAS DEL PURGATORIO

Oración por las Almas del Purgatorio

Dios misericordioso, que nos perdonas y quieres la salvación de todos los hombres: imploramos tu clemencia, para que, por la intercesión de María Santísima y de todos los santos, concedas a las almas de nuestros padres, hermanos, parientes, amigos y bienhechores que han salido de este mundo, la gracia de llegar a la reunión de la eterna felicidad.

Santísima Virgen María, Reina del Purgatorio: vengo a depositar en tu Corazón Inmaculado una oración en favor de las almas benditas que sufren en el lugar de expiación. Dígnate escucharla, clementísima Señora, si es ésta tu voluntad y la de tu misericordioso Hijo. Amén.

1. María, Reina del Purgatorio, te ruego por aquellas almas por las cuales tengo o pueda tener alguna obligación, sea de caridad o de justicia. Dios te salve María...

Dales Señor el descanso eterno. Y brille para ellas la luz perpetua. Descansen en paz. Amén.

2. María, Reina del Purgatorio: te ruego por las almas más abandonadas y olvidadas, y las cuales nadie recuerda; tú, Madre, que te acuerdas de ellas, aplíca-

180

les los méritos de la Pasión de Jesús, tus méritos y los de los santos, y alcancen así el eterno descanso.

Dios te salve María...

Dales Señor el descanso eterno. Y brille para ellas la luz perpetua. Descansen en paz. Amén.

3. María, Reina del Purgatorio: te ruego por aquellas almas que han de salir más pronto de aquel lugar de sufrimientos, para que cuanto antes vayan a cantar en tu compañía las eternas misericordias del Señor.

Dios te salve María...

Dales Señor el descanso eterno. Y brille para ellas la luz perpetua. Descansen en paz. Amén.

4. María, Reina del Purgatorio: te ruego de una manera especial por aquellas almas que han de estar más tiempo padeciendo y satisfaciendo a la divina Justicia. Ten compasión de ellas, ya que no pueden merecer sino sólo padecer; abrevia sus penas y derrama sobre estas almas el bálsamo de tu consuelo.

Dios te salve María...

Dales Señor el descanso eterno. Y brille para ellas la luz perpetua. Descansen en paz. Amén.

5. María, Reina del Purgatorio: te ruego de un modo especial por aquellas almas que más padecen. Es verdad que todas sufren con resignación pero sus penas son atroces y no podemos imaginarlas siquiera.

Intercede Madre nuestra por ellas, y Dios escuchará tu oración.

Dios te salve María...

Dales Señor el descanso eterno. Y brille para ellas la luz perpetua. Descansen en paz. Amén.

Oración final

Virgen Santísima, te pido que, así como me acuerdo de las benditas almas del Purgatorio, se acuerden de mí los demás, si he de ir allá a satisfacer por mis pecados. En ti, Madre mía, pongo toda mi confianza de hijo(a), y sé que no he de quedar defraudado(a). Amén.

Oración por todas las Benditas Ánimas del Purgatorio

Dios las guarda, ánimas cristianas; Jesucristo, que las redimió con su preciosísima Sangre, tenga por bien librarlas de estas penas y llevarlas consigo entre los coros de los ángeles en el Cielo, donde ustedes nos recuerden y supliquen a Dios que nos lleve a su compañía para ser coronados en el Cielo. Amén.

Oración por un ser querido difunto

Dios mío, te has llevado la persona que más amaba en este mundo; pero tú lo has querido así. Cúmplase en todo tu santísima voluntad. El gran consuelo que me queda es la esperanza de que tú la hayas recibido en el seno de tu misericordia, y que te dignarás algún día unirme con él (ella). Si la entera satisfacción de sus pecados lo(la) detienen aún en las penas sin que haya ido todavía a reunirse contigo, yo te ofrezco por él (ella) todas mis oraciones y buenas obras, principalmente mi resignación ante esta pérdida; haz, Señor, que esta resignación sea entera y digna de ti. Amén.

Oración por una bendita ánima en particular

Salvador nuestro, dígnate dirigir una mirada de misericordia al seno profundo del Purgatorio, y sacar de allí las almas que gimen privadas temporalmente de tu vista, y que suspiran por reunirse contigo en el Paraíso. Principalmente te pido por el alma de N., y de aquellos por quienes más debo pedir. No desoigas, Señor, mis ruegos, unidos a los de toda la Iglesia por los fieles difuntos, a fin de que tu misericordia los lleve al dichoso lugar donde con el Padre y el Espíritu Santo vives y reinas por todos los siglos. Amén.

Acto heroico de caridad
por las Benditas Almas del Purgatorio

Dios mío, para tu mayor gloria y por los méritos de Jesús y de María, te ofrezco y cedo por las almas del Purgatorio la parte satisfactoria de todo el bien que haga y de cuantos sufragios reciba después de mi muerte. Dispón de todo según tu santa voluntad. Amén.

Devoción de los cien Réquiem

Este piadoso ejercicio, en sufragio de las Almas del Purgatorio, se compone de diez Padrenuestros y de cien Réquiem (Dales Señor el descanso eterno...). Se puede usar un Rosario y pasarlo dos veces, diciendo en cada misterio:

1. Un Padre nuestro;

2. La invocación: "Jesús mío, ten misericordia de las Almas del Purgatorio, especialmente del alma de N. *(se dice el nombre)*, y del alma más olvidada".

3. Diez veces la jaculatoria: "Dales Señor el descanso eterno. Y brille para ellos la luz perpetua. Descansen en paz. Amén".

4. Al final se concluye con el Salmo 129:

Salmo 129: DESDE LO HONDO A TI GRITO, SEÑOR

Desde lo hondo a ti grito, Señor;
Señor, escucha mi voz;
estén tus oídos atentos
a la voz de mi súplica.

Si llevas cuenta de los delitos, Señor,
¿quién podrá resistir?
Pero de ti procede el perdón,
 y así infundes respeto.

Mi alma espera en el Señor,
 espera en su palabra,

184

mi alma aguarda al Señor,
más que el centinela la aurora.

Aguarda Israel al Señor,
como el centinela la aurora;
porque del Señor viene la misericordia,
 y él redimirá a Israel
de todos sus delitos.

Gloria al Padre, y al Hijo, y al Espíritu Santo.
Como era en el principio, ahora y siempre,
por los siglos de los siglos. Amén.

**"Una lágrima derramada por un
muerto se evapora; una flor colocada
sobre su tumba se marchita; una oración
la recibe Dios" (San Agustín)**

NOVENARIO
DE DIFUNTOS EN FAMILIA

Los cristianos oramos por nuestros difuntos porque sabemos que la vida no termina con la muerte.

La oración expresa que sentimos una misma pena, como hombres, como cristianos y como comunidad que espera.

A muchos de nosotros nos reúne el cariño, la amistad, la caridad con quien el Padre acaba de llevar a su santa gloria.

Pero también nos reúne la fe cristiana, con la certeza de que un día nos juntaremos todos nuevamente en la familia del cielo.

Nos reúne también hoy en este novenario la esperanza. Juntos nos sentimos solidarios de un mismo porvenir. Cristo resucitó y con Él viviremos nosotros para siempre.

Oremos juntos, escuchemos la Palabra de Dios juntos, para que nuestro corazón alcance paz y sosiego junto a Jesús que nos salvó, y bajo la mirada de nuestra Madre Dolorosa para que interceda por nosotros "ahora y en la hora de nuestra muerte".

Que el ambiente de este Novenario, sea de fe y de esperanza, porque todos esperamos la salvación. Dios es más grande que nuestro dolor. Esto debe fortalecer nuestra fe. Esto debe consolar nuestra pena. Esto debe aumentar nuestra esperanza.

VI
NOVENARIO

PRIMER DÍA

1. Canto de inicio

Selecciónese el canto más apropiado para que todos lo puedan cantar. Véase la página 270.

2. Saludo

Guía: En el nombre del Padre, † y del Hijo y del Espíritu Santo.

Amén.

Guía: Nos hemos reunido aquí para rezar todos juntos por el eterno descanso del alma de nuestro(a) hermano(a) N. Todos somos hijos del mismo Padre, nos unimos al dolor que aflije a esta familia. Somos cristianos, creemos en la vida eterna y estamos convencidos de que se mantiene el contacto con los seres queridos que el Señor ya llamó.

Unidos con Jesucristo, nuestro Salvador y con nuestra Madre la Virgen María, y con los familiares de nuestro(a) hermano(a) N., ofrezcamos a Dios este Novenario que hoy iniciamos, para que le conceda el perdón y la gloria eterna; y a todos nosotros nos avive nuestra fe, nuestra esperanza y nuestra caridad.

Si durante el Novenario se acostumbra rezar el Santo Rosario, en este momento se comienza como se indica en la página 145 y una vez terminado se continúa con el número 3.

3. Oración

Escucha en tu bondad, Señor, nuestras oraciones, ahora que imploramos tu misericordia por el alma de nuestro(a) hermano(a) N., a quien llamaste de este mundo. Dígnate concederle la luz y la paz, para que tenga parte contigo en la asamblea de tus santos.

Todos: Amén.

4. Lecturas

Lector 1: Lectura de la primera carta del Apóstol san Pablo a los Corintios: 15, 51-57.

Mirad que os digo un misterio: no todos moriremos, pero sí seremos transformados todos en un instante, en un abrir y cerrar de ojos, al son de la última trompeta. Retumbará su sonido, y los muertos resucitarán incorruptibles, y nosotros seremos transformados. Pues es necesario que este cuerpo corruptible se revista de la incorruptibilidad, y que este cuerpo mortal se revista de la inmortalidad. Y cuando este cuerpo corruptible se haya revestido de la incorruptibilidad, y este cuerpo mortal se haya revestido de la inmortalidad, se cumplirá aquello que está escrito: "La muerte ha sido devorada por la victoria". ¡Oh muerte! ¿Qué se ha hecho tu victoria? ¡Oh muerte! ¿Qué se ha hecho tu aguijón? El pecado es el aguijón de la muerte,

188

y la Ley es la fuerza del pecado. Gracias a Dios que nos ha dado la victoria por Cristo Jesús, Señor nuestro. Palabra de Dios.

Todos: *Te alabamos, Señor.*

Salmo 22

Guía: El Señor es mi pastor, nada me faltará.

Todos: *El Señor es mi pastor, nada me faltará.*

Guía: El Señor es mi pastor, nada me falta; en verdes praderas me hace reposar y hacia fuentes tranquilas me conduce para reparar mis fuerzas.

Todos: *El Señor es mi pastor, nada me faltará.*

Guía: Por ser un Dios fiel a sus promesas, me guía por el sendero recto; así, aunque camine por cañadas oscuras, nada temo, porque tú estás conmigo. Tu vara y tu cayado me dan seguridad.

Todos: *El Señor es mi pastor, nada me faltará.*

Guía: Tú mismo me preparas la mesa a despecho de mis adversarios; me unges la cabeza con perfume y llenas mi copa hasta los bordes.

Todos: *El Señor es mi pastor, nada me faltará.*

Guía: Tu bondad y tu misericordia me acompañan todos los días de mi vida; y viviré en la casa del Señor por años sin término.

Todos: *El Señor es mi pastor, nada me faltará.*

Lector 2: Lectura del santo Evangelio según san Lucas: 23,44-49; 24,1-6.

Era casi el mediodía cuando las tinieblas invadieron toda la región y se oscureció el sol hasta las tres de la tarde. El velo del templo se rasgó a la mitad. Jesús, clamando con voz potente dijo: "Padre, en tus manos encomiendo mi espíritu". Y dicho esto expiró. El centurión, al ver lo que pasaba, dio gloria a Dios diciendo: "Verdaderamente este hombre era justo". Toda la muchedumbre que había acudido a este espectáculo, mirando lo que ocurría, se volvió a su casa dándose golpes de pecho. Los conocidos de Jesús se mantenían a distancia, lo mismo que las mujeres que lo habían seguido desde Galilea, y permanecían mirando todo aquello. Pero el primer día de la semana, fueron al sepulcro muy de mañana llevando los perfumes que habían preparado. Como hallasen rodada la piedra que tapaba el sepulcro, entraron en él pero no encontraron el cuerpo del Señor Jesús. No hallando qué pensar de esto, se les presentaron dos hombres en trajes que brillaban como relámpagos. Como se llenasen de temor e inclinasen la cara hacia la tierra, les dijeron: "¿Por qué andáis buscando entre los muertos al que está vivo? No está aquí: ha resucitado".

Palabra del Señor.

Todos: Gloria a ti, Señor Jesús

La siguiente lectura puede omitirse, si se cree oportuno, pasando directamente al número 5.

La tercera lectura se ha tomado de la vida de los Santos.

Lector 3: Lectura de las *Confesiones* de San Agustín: IX, 11. Dolor de San Agustín y amortajamiento de Santa Mónica.

Mientras yo le cerraba los ojos invadía mi pecho una tristeza sin fondo de la cual se formaba un torrente de lágrimas que quería salir por los ojos; pero un violento imperio de mi voluntad absorbía el torrente, y mis ojos permanecían secos; sin embargo, la batalla era agotadora. Cuando mi madre exhaló el último suspiro el niño Adeodato rompió a llorar a gritos, pero reprendido por nosotros, calló. No de otra manera callaba también en mí aquella ternura juvenil que quería expresarse con lágrimas y que yo reprimía con recia voluntad. Es que no nos parecía decoroso celebrar aquella muerte con llantos que sólo tienen sentido cuando hay que deplorar una grande miseria en los que mueren o cuando se ve en la muerte una total extinción de la vida. Pero mi madre ni moría miserablemente ni moría totalmente. De esto nos aseguraban su limpia vida, su fe sin fingimientos y otras muy ciertas razones.

¿Qué era pues lo que tan grave dolor me daba sino la herida recién abierta por el brusco y repentino desgarrón de una convivencia dulcísima y carísima? Yo me sentía dichoso por el testimonio que ella dio de mí en su última enfermedad; pues mientras yo le prestaba cariñosos cuidados ella me llamaba hijo bueno y piadoso; y con grande y amoroso afecto me recordaba que nunca había oído de mi boca ninguna palabra dura o injuriosa. Pero ¿qué comparación podía haber, Señor y Creador nuestro, entre los honores respetuosos que yo le rendía y la servidumbre a la que ella se había sujetado por mí? Porque su muerte me dejaba desamparado de sus grandes consuelos y con el alma herida; mi vida misma quedaba despedazada, porque era una sola vida formada con la vida de los dos.

Cuando el niño hubo dejado de llorar tomó Evodio el Salterio y comenzó a cantar un salmo al que contestábamos todos: *Cantaré, Señor, tus juicios y tus misericordias* (Salmo 100, 1). Y al enterarse de lo que estaba pasando se congregaron muchos hermanos en la fe y muchas piadosas mujeres; y mientras los encargados del sepelio cumplían su oficio me retiré yo de allí a un lugar en que podía decorosamente hablar con los amigos que no querían dejarme solo. Yo les decía cosas apropiadas a la situación; y con el aliento de esas verdades se mitigaban un tanto aquellos vivos tormentos interiores que Tú conocías pero ellos ignoraban. Me escuchaban hablar con toda su atención, y pensaban que yo era insensible al dolor, por el sosiego con que les hablaba. Pero yo, a tu Oído, donde ellos no podían escuchar, me reprochaba la molicie de mi afecto y frenaba los ímpetus del sufrimiento. Su empuje cedía un poco, pero luego volvía a la carga, aunque no me hacía llegar a la efusión de lágrimas ni a la alteración del rostro. Y porque profundamente me disgustaba el que tanta influencia tuvieran en mí esos accidentes de la vida, que están en el orden y necesariamente tienen que acontecer porque se derivan de nuestra humana condición, con otro tipo de dolor me dolía de mi dolor, y me agobiaba una doble tristeza.

Se sacó pues el féretro, y lo llevamos a enterrar. Y yo fui y volví sin una lágrima. Ni siquiera lloré al tiempo de las oraciones que elevamos a Ti cuando, puesto el cadáver a la orilla del sepulcro según la costumbre de allí, te ofrecimos el Sacrificio de nuestra Redención. Pero durante el día entero me oprimió una pesada y oculta tristeza; y con la mente turbada te pedía, al modo que me era posible, que aliviaras mi dolor. Pero Tú no quisiste; y pienso que fue con el objeto de que mi memoria retuviera para siempre, con esta tu enseñanza, cuán fuertes son los vínculos de la costumbre aun para las almas que ya no se apacientan con palabras mentirosas.

Juzgué también conveniente ir a tomar un baño, por creer que arrojaba del alma la tristeza. ¡Me hallé después del baño como antes de bañarme! Porque mi corazón no exudó la amargura de mi corazón.

Luego me dormí, y al despertar encontré mi dolor no poco mitigado. Y estando yo solo en mi lecho recordé los versos de tu Ambrosio, tan llenos de verdad:

"Tú eres Dios, criador de cuanto existe;
del mundo supremo gobernante,
que el día vistes de luz brillante,
de grato sueño la noche triste;
a fin de que a los miembros rendidos

el descanso al trabajo prepare,
y las mentes cansadas repare,
y los pechos de pena oprimidos".

Poco a poco me fueron volviendo los antiguos sentimientos para con tu sierva, piadosa y santa delante de
Ti y para nosotros blanda y moderada, de cuyo dulce
trato me vi repentinamente privado. Y entonces sí que
quise llorar en tu presencia, de ella y por ella, de mí y
por mí. Solté la rienda a las contenidas lágrimas para
que corrieran a su gusto por el cauce de mi corazón,
y en las lágrimas descansé, porque las veías Tú y no
un hombre cualquiera que interpretara presuntuosa-
mente mi llanto.

Y ahora, Señor, te lo confieso todo en estas líneas;
que lo lea el que quiera, y que lo interprete como
quiera. Y si encuentra que hubo algún pecado en que
llorara yo por menos de una hora a mi madre muerta
ante mis ojos, a la que tantos años me había llorado
porque yo viviera en tu presencia, que no se burle;
sino más bien, si es grande su caridad, que llore él
mismo por mis pecados ante Ti, que eres el Padre de
todos los hermanos de tu Cristo.

5. Reflexión

Guía: Sepamos aceptar siempre la voluntad de
Dios, aunque no siempre la entendamos. Reafir-
memos nuestra fe en que nos volveremos a encontrar como familia en el Cielo. Jesús nos ha

dicho: "Yo soy la resurrección y la vida; el que cree en mí, aunque haya muerto vivirá, y el que está vivo y cree en mí no morirá para siempre". Ahora sigamos orando por nuestro(a) hermano(a), unidos a Cristo, y pidamos para nosotros una muerte en la paz del Señor.

6. Oración común de toda la familia

Guía: Oremos, hermanos, a Dios nuestro Señor, de quien es propio perdonar y tener misericordia, para que se compadezca de nuestro(a) hermano(a) N.

Todos responden: *Padre, escúchanos.*

1. Para que la Iglesia de Dios se mantenga en el mundo como testigo de la resurrección.

Todos: *Padre, escúchanos.*

2. Para que nuestro(a) hermano(a) N., que amó siempre a Dios, a Cristo y a María Santísima, alcance la dichosa compañía de los santos en el Cielo.

Todos: *Padre, escúchanos.*

3. Para que nuestro(a) hermano(a) N., unido(a) en vida a una familia y comunidad cristianas, se acuerde de ellos ahora en la presencia de Dios.

Todos: Padre, escúchanos.

4. Para que la familia, amigos y conocidos de nuestro(a) hermano(a) N., en medio del dolor y tristeza de la reparación, tengan el consuelo que dan la fe y la esperanza cristianas.

Todos: *Padre, escúchanos.*

5. Por nosotros, para que por la fe y las buenas obras podamos alcanzar la salvación y juntarnos con nuestro(a) hermano(a) N., en el paraíso.

Todos: Padre, escúchanos.

7. Padre nuestro

Guía: Recemos, finalmente, en este primer día de nuestro Novenario, antes de retirarnos, a nuestro Padre Dios, tal como Cristo nos enseñó:

Todos: *Padre nuestro, que estás en el cielo, santificado sea tu Nombre; venga a nosotros tu reino; hágase tu voluntad en la tierra como en el cielo. Danos hoy nuestro pan de cada día; perdona nuestras ofensas, como también nosotros perdonamos a los que nos ofenden; no nos dejes caer en la tentación, y líbranos del mal.*

8. Oración

Guía: Libra, Señor, a nuestro(a) hermano(a) N., de las penas merecidas por sus pecados, y por la intercesión de la Virgen María y todos los santos, concédele la vida eterna que prometiste a los que creen en Jesús. Te lo pedimos por el mismo Jesucristo, nuestro Señor.

Todos: *Amén.*

9. Canto final

Escójase el canto más apropiado. Véase la página 270.

10. Despedida

Guía: Dale Señor el descanso eterno.

Todos: *Y brille para él(ella) la luz perpetua.*

Guía: Que nuestro(a) hermano(a) N., y todos los fieles difuntos, por la misericordia de Dios, descansen en paz.

Todos: *Amén.*

Guía: Ave María purísima.

Todos: *En gracia de Dios concebida.*

"Méteme, Padre eterno, en tu pecho, misterioso hogar. Dormiré allí, pues vengo deshecho del duro bregar"

(Miguel de Unamuno)

SEGUNDO DÍA

1. Canto de inicio

Selecciónese el canto más apropiado para que todos lo puedan cantar. Véase la página 270.

2. Saludo

Guía: En el nombre del Padre, † y del Hijo y del Espíritu Santo.

Todos: Amén.

Guía: Hermanos, nuevamente nos reunimos para orar por nuestro(a) hermano(a) N. Sobre la lápida de una tumba se lee el siguiente pensamiento:

"Un Padrenuestro por Dios,
te pido reces, hermano,
pues, más tarde o más temprano,
aquí estaremos los dos.
Como te ves yo me vi,
como me ves te verás,
y entonces te alegrarás
de que lo recen por ti".

Hermanos, que esta oración que vamos a hacer, sea el principio de una vida intensamente cristiana y santa, a la vez que pedimos por el eterno descanso de nuestro(a) hermano(a).

198

Si se acostumbra rezar el Santo Rosario en el Novenario, en este momento se inicia como se indica en la página 145. y una vez terminado se continúa con el número 3.

3. Oración

Guía: Dios, lleno de misericordia, te pedimos que el alma de tu siervo(a) N., encuentre la claridad de tu luz, en el lugar de la paz, y la felicidad de tu descanso. Por Cristo nuestro Señor.

Todos: Amén.

4. Lecturas

Lector 1: Lectura del segundo libro de los Macabeos: 12, 43-46.

Judas efectuó entre sus soldados una colecta que reunió dos mil monedas de plata. Las enviaron a Jerusalén, a fin de que ahí se ofreciera un sacrificio por el pecado. Todo esto lo hicieron muy bien inspirados por la creencia de la resurrección. Pues, si no hubieran creído que los compañeros caídos iban a resucitar, habría sido cosa inútil y tonta orar por ellos. Pero creían firmemente en una valiosa recompensa para los que mueren en gracia de Dios; de ahí que su inquietud era buena y santa. Esta fue la razón por la cual Judas ofreció este sacrificio por los muertos, para que fueran perdonados de su pecado.

Palabra de Dios.

Todos: *Te alabamos, Señor.*

Salmo responsorial 12

Guía: ¿Hasta cuándo, Señor, seguirás olvidándome?
Todos: *¿Hasta cuándo, Señor, seguirás olvidándome?*

Guía: ¿Hasta cuándo me esconderás tu rostro? ¿Hasta cuándo he de estar preocupado con el corazón apenado todo el día?
Todos: *¿Hasta cuándo, Señor, seguirás olvidándome?*

Guía: Atiende y respóndeme, Señor Dios mío, da luz a mis ojos.
Todos: *¿Hasta cuándo, Señor, seguirás olvidándome?*

Guía: Para que no me duerma en la muerte, que no diga mi enemigo: "Le he podido", ni se alegre mi adversario de mi fracaso.
Todos: *¿Hasta cuándo, Señor, seguirás olvidándome?*

Guía: Porque confío en tu misericordia: alegra mi corazón con tu auxilio, te cantaré por el bien que me has hecho.
Todos: *¿Hasta cuándo, Señor, seguirás olvidándome?*

Lector 2: Lectura del santo Evangelio según san Juan: 11, 17-27.32-44.

En aquel tiempo, cuando Jesús llegó a Betania, Lázaro llevaba ya cuatro días en el sepulcro. Betania quedaba cerca de Jerusalén, como a unos dos kilómetros y medio, y muchos judíos habían ido a ver a Marta y a María para consolarlas de la muerte de su hermano. Cuando Marta supo que Jesús llegaba, salió a su encuentro, pero María se quedó en casa. Le dijo a Jesús: "Señor, si hubieras estado aquí, no habría muerto mi hermano. Pero aún ahora, estoy segura de que Dios te concederá cuanto le pidas". Jesús le dijo: "Tu hermano resucitará". Marta respondió: "Ya sé que resucitará en la resurrección del último día". Jesús le dijo: "Yo soy la resurrección y la vida. El que cree en mí, aunque haya muerto vivirá; y todo aquel que está vivo y cree en mí, no morirá para siempre. ¿Crees tú esto?" Ella le contestó: "Sí, Señor. Creo firmemente que tú eres el Mesías, el Hijo de Dios, el que habría de venir al mundo". Cuando llegó María a donde estaba Jesús, al verlo, se echó a sus pies y le dijo: "Señor, si hubieras estado aquí, no habría muerto mi hermano". Jesús, al verla llorar y al ver llorar a los judíos que la acompañaban, se conmovió hasta lo más hondo y preguntó: "¿Dónde lo habéis puesto?" Le contestaron: "Ven, Señor y lo verás". Jesús se puso a llorar y los judíos comentaban:"De veras, cuánto lo amaba". Algunos decían: "¿No podía éste, que abrió los ojos al ciego de nacimiento, hacer que Lázaro no muriera?" Jesús, profundamente conmovido todavía, se detuvo ante el sepulcro, que era una cueva sellada con una losa. Entonces dijo Jesús: "Quitad la losa". Pero Marta, la hermana del que había muerto, le replicó:

"Señor, ya huele mal, porque lleva cuatro días" Le dijo Jesús: "¿No te he dicho que si crees, verás la gloria de Dios?" Entonces quitaron la piedra. Jesús levantó los ojos a lo alto y dijo: "Padre, te doy gracias porque me has escuchado. Yo ya sabía que tú siempre me escuchas; pero lo he dicho a causa de esta muchedumbre que me rodea, para que crean que tú me has enviado". Luego gritó con voz potente: "Lázaro, sal de ahí". Y salió el muerto, atado con vendas las manos y los pies, y la cara envuelta en un sudario. Jesús les dijo: "Desatadlo para que pueda andar"

Palabra del Señor.

Todos: *Gloria a ti, Señor Jesús.*

La siguiente lectura puede omitirse, si se cree oportuno, pasando directamente al número 5.

Lector 3: Lectura de la vida de Santa Rosa de Lima:

En la vida de Santa Rosa de Lima, entre los hechos que sucedieron después de su muerte, se lee:

"Luisa de Serrano, una de las compañeras más cercanas de Rosa, descansaba en su casa con sus padres. Las dos amigas se habían prometido comunicarse, después de la muerte, si Dios se los permitía.

Luisa se despertó de improviso por una luz intensa que iluminó su cuarto y vio a Rosa subir al cielo, en medio de los ángeles y los santos que cantaban himnos de alabanza; y después la contempló coronada por la Madre de Dios. La vidente expuso este hecho ante los más ilustres teólogos de Lima, y éstos, después de haberlo estudiado muy en serio, declararon que no había engaño".

Rosa se apareció todavía a otras personas llena de gloria. Además de Luisa Serrano y otra mujer que la vio la misma noche de su muerte; lo mismo la vio

202

el doctor Juan de Castilla, jurando dijo: que ella se le había aparecido llena de belleza y revestida con el hábito dominicano. Rosas blancas y rojas se encontraban esparcidas en sus vestidos, y en las manos tenía un ramo de lirios y unos rayos luminosos partían de su rostro y de las flores que tenía en sus manos. "Rosa me habló con dulzura, dijo él, me habió de la felicidad de la cual goza, pero no encuentro palabras apropiadas para expresar lo que me dio a entender".

Muchas veces durante seis meses, Rosa se manifestó así, rodeada de gloria al padre Juan de Villalobos, uno de sus confesores (Masson, A. L., *Santa Rosa de Lima*, pp. 243-254, Venecia, 1932).

5. Reflexión

Guía: Cristo vino para ser vida de los hombres. El que cree en Él y sigue sus enseñanzas tiene la vida eterna en sí mismo. En la puerta de un cementerio se lee este aviso que deberíamos repensar: "Descanso para los muertos, aviso para los vivos". *Descanso...* ellos ya descansan de los trabajos y penas de esta vida. San Francisco Javier decía en sus muchos trabajos: "Para descansar tengo la eternidad". *Aviso...* Preguntémosle a nuestros difuntos qué les alegraría y qué les entristecería ahora. Les *alegraría* haber vivido cristianamente; el haber guardado los mandamientos; el haber frecuentado los sacramentos. Les *entristecería* el haber perdido el tiempo en el pecado y en las vanidades. Pidamos al Señor una vida santa y una santa muerte. Y que un día vivamos con nuestros seres queridos una eternidad feliz.

6. Oración común de toda la familia

Guía: Oremos, hermanos, todos juntos a Cristo Jesús, Redentor y Salvador de los hombres.

Todos responden: *Cristo, escúchanos*.

1. Para que la Iglesia de Cristo anuncie a todos los hombres la fe en Dios y la esperanza de nuestra resurrección, roguemos al Señor.

   Todos: *Cristo, escúchanos*.

2. Para que nuestro(a) hermano(a) N., comparta el trono y la corona de los mártires, roguemos al Señor.

   Todos: *Cristo, escúchanos*.

3. Para que nuestro(a) hermano(a) N., entre en el gozo del Señor y participe en el Banquete y Bodas del Cordero, roguemos al Señor.

   Todos: *Cristo, escúchanos*.

4. Para que Dios reciba en sus brazos a todos sus hijos moribundos y difuntos, roguemos al Señor.

   Todos: Cristo, escúchanos.

5. Para que un día nos reunamos todos en el cielo y bendigamos y cantemos las infinitas misericordias de Dios, roguemos al Señor.

Todos: *Cristo, escúchanos.*

7. Padre nuestro

Guía: Terminemos nuestra oración repitiendo la plegaria que el Señor nos enseñó:

Todos: *Padre nuestro, que estás en el cielo, santificado sea tu Nombre; venga a nosotros tu reino; hágase tu voluntad en la tierra como en el cielo. Danos hoy nuestro pan de cada día; perdona nuestras ofensas, como también nosotros perdonamos a los que nos ofenden; no nos dejes caer en la tentación, y líbranos del mal.*

8. Oración

Guía: Oh Dios, creador y redentor de los hombres, concede a tu siervo(a) N., el perdón de todos sus pecados; y por estas súplicas fraternas alcance de ti la misericordia que siempre deseó. Por nuestro Señor Jesucristo, tu Hijo, que vive y reina contigo en la unidad del Espíritu Santo y es Dios por los siglos de los siglos.

Todos: Amén.

9. Canto final

Escójase el canto más apropiado. Véase la página 270.

10. Despedida

Guía: Dale Señor el descanso eterno.

Todos: *Y brille para él (ella) la luz perpetua.*

Guía: Que nuestro(a) hermano(a) N., y todos los fieles difuntos, por la misericordia de Dios, descansen en paz.

Todos: *Amén*

Guía: Ave María purísima.

Todos: *En gracia de Dios concebida.*

"Si sólo para esta vida esperamos en Cristo, somos los más infelices de todos los hombres" (1Cor 15, 19)

TERCER DÍA

1. Canto de inicio

Selecciónese el canto más apropiado para que todos lo puedan cantar. Véase la página 270.

2. Saludo

Guía: En el nombre del Padre, † y del Hijo y del Espíritu Santo.

Todos: *Amén.*

Guía: Hermanos, nuestro Señor Jesucristo dijo: "Donde hay dos o tres reunidos en mi nombre, allí estoy yo en medio de ellos". Concédenos que este Novenario que hacemos por el descanso del alma de nuestro(a) hermano(a) N., le alcance la felicidad eterna y nos una más entre nosotros el vínculo de la caridad. Que la Santísima Virgen María, nuestra madre, nos acompañe en esta oración que iniciamos.

Si se acostumbra rezar el Santo Rosario en el Novenario, en este momento se indica en la página 145, y una vez terminado se continúa con el número 3.

3. Oración

Guía: Señor Jesucristo, Hijo de Dios, tú que has vivido con nosotros y compartiste nuestras penas, te

pedimos humildemente, con el corazón adolorido
que intercedas a Dios nuestro Padre, a fin de que tu
Sangre derramada en la cruz purifique a nuestro(a)
hermano(a) N., y pueda así participar para siempre
de tu amistad. Y a nosotros, Señor, danos fuerzas para
que, sobrellevando este dolor podamos seguir tus pasos y vivir como verdaderos amigos tuyos. Te lo pedimos a ti que vives reinas por los siglos de los siglos.

Todos: *Amén*.

4. Lecturas

Lector 1: Lectura de la segunda carta del apóstol san
Pablo a Timoteo: 2. 8-13.

Querido hermano: Recuerda siempre que Jesucristo, del linaje de David, resucitó de entre los
muertos conforme al Evangelio que yo predico. Por
este Evangelio sufro hasta llevar cadenas, como un
malhechor; pero la palabra de Dios no está encade-
nada. Por eso sobrellevo todo por amor de los elegidos, para que ellos también alcancen en Cristo Jesús
la salvación, y con ella, la gloria eterna. Es verdad
lo que decimos: "Si morimos con él, viviremos con
él; si nos mantenemos firmes, reinaremos con él: si
lo negamos, él también nos negará; pero si le somos
infieles, él permanecerá fiel, porque no puede negarse
a sí mismo". Palabra de Dios.

Todos: *Te alabamos Señor.*

208

Salmo responsorial 21

Guía: ¡No te quedes lejos, Señor! ¡Ven corriendo a ayudarme!

Todos: *¡No te quedes lejos, Señor! ¡Ven corriendo a ayudarme!*

Guía: En Ti confiaban nuestros padres, confiaban y los ponías a salvo: a Ti gritaban y quedaban libres, en Ti confiaban y no los defraudaste.

Todos: *¡No te quedes lejos, Señor! ¡Ven corriendo a ayudarme!*

Guía: Desde el seno de mi madre pasé a tus manos, desde el vientre materno Tú eres mi Dios. ¡No te quedes lejos, que el peligro está cerca y nadie me socorre!

Todos: *¡No te quedes lejos, Señor! ¡Ven corriendo a ayudarme!*

Guía: Del Señor es el reino, Él gobierna a los pueblos. Ante Él se postrarán las cenizas de la tumba: ante Él se inclinarán los que bajan al polvo.

Todos: *¡No te quedes lejos, Señor! ¡Ven corriendo a ayudarme!*

Lector 2: Lectura del santo Evangelio según san Juan: 6, 51-59.

En aquel tiempo dijo Jesús a los judíos: "Yo soy el pan vivo que ha bajado del cielo; el que coma de este

209

pan vivirá para siempre, y el pan que yo les voy a dar es mi carne, para que el mundo viva". Entonces, los judíos se pusieron a discutir entre sí: "¿Cómo puede éste darnos a comer su carne?" Jesús les dijo: "En verdad os digo: si no coméis la carne del Hijo del Hombre y no bebéis su sangre, no podéis tener vida en vosotros. El que come mi carne y bebe mi sangre, tiene vida eterna y yo le resucitaré el último día. Mi carne es verdadera comida y mi sangre es verdadera bebida. El que come mi carne y bebe mi sangre, permanece en mí y yo en él. Como me envió el Padre, el viviente, y yo vivo por el Padre, así el que me coma, vivirá por mí. Este es el pan que ha bajado del cielo; no como el maná que comieron vuestros padres, que lo comieron y murieron. El que come de este pan, vivirá para siempre". Esto lo dijo Jesús, enseñando en la sinagoga de Cafarnaúm. Palabra del Señor.

Todos: *Gloria a ti, Señor Jesús.*

La siguiente lectura puede omitirse, si se cree oportuno, pasando directamente al número 5.

Lector 3: Lectura de la vida de Domingo Savio, escrito por San Juan Bosco:

San Juan Bosco escribe en la Vida de Domingo Savio, hoy santo, las gracias alcanzadas por su intercesión, lo siguiente:

"La pérdida de aquel hijo, fue causa de una gran aflicción que crecía día a día con el deseo de saber el estado que le tocó en la otra vida. Dios me quiso consolar. Más o menos un mes después de su muerte,

210

una noche, después de un largo insomnio, me pareció ver que se abría la puerta del cuarto en que dormía, y en ese instante apareció Domingo en medio de una gran luz, con un rostro alegre y feliz, pero con un aspecto majestuoso e imponente. Frente a aquella visión yo me quedé fuera de mí. ¡Oh Domingo! Le grité: ¡Domingo mío! ¿Cómo estás? ¿Dónde te encuentras? ¿Estás ya en el cielo? —Me contestó: ¡Sí, padre, estoy en el cielo! ¡Oye!, repliqué, si Dios te ha hecho gozar ya de la felicidad del cielo, ruega por tus hermanos y hermanas para que puedan un día encontrarse contigo. —Me respondió: Sí, padre, pediré a Dios por ellos para que alcancen un día gozar conmigo la inmensa felicidad del cielo. —Pide también por mí, le dije, pide también por tu mamá, para que todos podamos salvarnos y encontrarnos un día en el cielo. —Sí, sí, rezaré—. Terminando de decir esto, desapareció, el cuarto quedó a oscuras como antes" (Don Bosco, *Vida del joven Domingo Savio*, V. ed., c. 27).

5. Reflexión

Guía: El cristiano es miembro de Cristo y el miembro debe seguir la suerte de la Cabeza: Cristo murió, es natural que el hombre muera. Pero no para permanecer en la muerte. Cristo no puede morir sin resucitar. Tampoco el cristiano: "Si con Él morimos, viviremos con Él".

6. Oración común de toda la familia

Guía: Señor mío Jesucristo, dueño de la vida y de la muerte, escucha nuestras oraciones.

Todos responden: *Te rogamos, óyenos*.

1. Para que perdones sus pecados.

Todos: *Te rogamos, óyenos*.

2. Para que aceptes sus buenas obras.

Todos: *Te rogamos, óyenos*.

3. Para que lo (la) recibas en la vida eterna.

Todos: *Te rogamos, óyenos*.

4. Para que te dignes mitigar con tu amor el dolor de la separación.

Todos: *Te rogamos, óyenos*.

5. Para que te dignes aumentar y confirmar su fe.

Todos: *Te rogamos, óyenos*.

6. Para que dirijas y conserves toda nuestra vida sirviéndote santamente.

Todos: *Te rogamos, óyenos*.

7. Para que levantes nuestros corazones hacia las cosas del cielo.

Todos: *Te rogamos, óyenos*.

7. Padre nuestro

Guía: Antes de finalizar, oremos todos juntos por nuestro(a) hermano(a) con las palabras que nos enseñó nuestro Salvador:

Todos: *Padre nuestro, que estás en el cielo, santificado sea tu Nombre; venga a nosotros tu reino; hágase tu voluntad en la tierra como en el cielo. Danos hoy nuestro pan de cada día; perdona nuestras ofensas, como también nosotros perdonamos a los que nos ofenden; no nos dejes caer en la tentación, y líbranos del mal.*

8. Oración

Guía: Antes de separarnos, saludamos a nuestro(a) hermano(a) N. Que esta despedida manifieste nuestro amor, mitigue el dolor y fortalezca nuestra esperanza. Dios quiera que un día volvamos a ver a nuestro(a) hermano(a), con la alegría de la amistad, allí donde el amor de Cristo que todo lo vence, habrá dominado a la misma muerte. Recibe, Señor, a tu hijo (hija), a quien has llamado de este mundo a tu presencia; concédele que, libre de todos sus pecados, alcance la felicidad del descanso y de la luz eterna y merezca unirse a tus santos y elegidos en la gloria de la resurrección. Por Jesucristo, nuestro Señor.

Todos: *Amén.*

9. Canto final

Escójase el canto más apropiado. Véase la página 270.

10. Despedida

Guía: Dale Señor el descanso eterno.
Todos: *Y brille para él (ella) la luz perpetua.*

Guía: Que nuestro(a) hermano(a) N., y todos los fieles difuntos, por la misericordia de Dios, descansen en paz.
Todos: *Amén.*

Guía: Ave María purísima.
Todos: *En gracia de Dios concebida.*

> **"Nuestro Dios no es un Dios de muertos, sino el Dios de los vivientes"**
> **(Mateo 22, 32)**

214

CUARTO DÍA

1. Canto de inicio

Selecciónese el canto más apropiado para que todos lo puedan cantar. Véase la página 270.

2. Saludo

Guía: En el nombre del Padre, † y del Hijo y del Espíritu Santo.

Todos: *Amén.*

Guía: Hermanos, el Señor y redentor nuestro Jesucristo, que se entregó a la muerte para que todos los hombres se salvasen y pasaran de la muerte a la vida, nos mire con bondad a nosotros que lloramos y suplicamos por aquel (aquella) a quien queríamos. Pidamos que Dios, por la intercesión de la Santísima Virgen María, se apiade del alma de nuestro(a) hermano(a) N., a la que dedicamos este Novenario.

Si se acostumbra rezar el Santo Rosario en el Novenario, en este momento se inicia como se indica en la página 145, y una vez terminado se continúa con el número 3.

3. Oración

Guía: Escucha Señor en tu bondad, nuestras súplicas, ahora que imploramos tu misericordia por tu hijo(a) N., a quien has llamado a tu presencia. Dígnate llevarlo(a) al lugar de la luz y de la paz y así merezca participar en la asamblea gozosa de tus santos. Te lo pedimos, por nuestro Señor Jesucristo, tu Hijo, que vive y reina contigo en la unidad del Espíritu Santo y es Dios por los siglos de los siglos.

Todos: *Amén.*

4. Lecturas

Lector 1: Lectura de la primera carta del apóstol san Juan: 3,14-16.

Hermanos: Nosotros estamos seguros de haber pasado de la muerte a la vida, porque amamos a nuestros hermanos. El que no ama permanece en la muerte. El que odia a su hermano es un homicida y bien sabéis que en ningún homicida permanece la vida eterna. Conocemos lo que es el amor, en que Cristo dio su vida por nosotros. Así también nosotros debemos dar la vida por nuestros hermanos.

Palabra de Dios.

Todos: *Te alabamos, Señor.*

Salmo responsorial 38

Guía: ¡Señor, dame a conocer mi fin!

Todos: *¡Señor, dame a conocer mi fin!*

Guía: Señor, dame a conocer mi fin, y cuál es la medida de mis años, para que comprenda lo caduco que soy; me concediste un palmo de vida, mis días son nada ante Ti.

Todos: *¡Señor, dame a conocer mi fin!*

Guía: El hombre no dura más que un soplo, el hombre pasa como una sombra, como una polilla roe sus tesoros; el hombre no es más que un soplo.

Todos: *¡Señor, dame a conocer mi fin!*

Guía: Escucha, Señor, mi oración; no seas sordo a mi llanto porque soy huésped tuyo, forastero como todos mis padres. ¡Aplácate, dame respiro, antes de que pase y no exista!

Todos: *¡Señor, dame a conocer mi fin!*

Lector 2: Lectura del santo Evangelio según san Juan: 12, 23-28.

Jesús dijo a sus discípulos: "Ha llegado la hora en que el Hijo del hombre va a entrar en su Gloria. En verdad les digo: Si el grano de trigo no cae en la tierra y no muere, queda solo; pero si muere, da mucho fruto. El que ama su vida la destruye, y el que desprecia su vida en este mundo la conserva para la vida eterna. El que quiere servirme, que me siga, y donde yo esté, allí estará el que me sirve. Si alguien me sirve, mi Padre le dará honor. Me siento turbado ahora. ¿Diré acaso: Padre, líbrame de esta hora? Pero no. Pues, precisamente llegué a esta hora para encontrar esto que me angustia. Padre, ¡da gloria a tu nombre!" Entonces se oyó una voz que venía del cielo: "Yo he glorificado mi nombre y lo volveré a glorificar".

Palabra del Señor.

Todos: *Gloria a ti, Señor Jesús.*

La siguiente lectura puede omitirse, si se cree oportuno, pasando directamente al número 5.

Lector 3: Lectura de la vida de san Pablo de la Cruz:

Al morir san Pablo de la Cruz, una de sus penitentes, Rosa Calabresi oraba en su pueblo recogida en su aposento. Se encontraba absorta en oración, cuando de improviso vio su cuarto iluminado por una luz extraordinaria, en medio de ésta, aparecía un hombre de pie sin tocar la tierra, vestido con los hábitos sacerdotales y resplandeciente al que no podía ver bien. La llamó por tres veces: Rosa..., pero la joven, temiendo que se tratase de algún engaño del Diablo, no respondió. Entonces la persona que se encontraba en medio de la luz le dijo expresamente: "Yo soy el padre Pablo; he venido a comunicarte la noticia que he muerto hace poco y ahora voy al cielo a gozar de Dios..., adiós, hasta el Paraíso". Rosa le dijo que pidiese a Dios para que ella alcanzase un día también ir a gozar el Cielo. Y la visión desapareció.

A la mañana siguiente recibe una carta del padre Ignacio, su nuevo director espiritual, que le comunicaba la santa muerte de Pablo de la Cruz. Ella no se contristó. Ya era inútil orar por él, pero para cumplir una promesa que le había hecho en las pasadas conferencias espirituales, fue a la iglesia y comenzó el ejercicio del Vía Crucis. Al llegar a la tercera estación, vio una gran luz y en medio de ella apareció el siervo de Dios, vestido ya no de pasionista, "sino con un hermoso manto blanco y rojo, rodeado y acompañado de muchos ángeles". Se maravilló de verlo vestido de aquella forma, y le preguntó el significado. Y el santo le respondió: "Todo esto es el símbolo de la virtud de la castidad y la fervorosa caridad, virtudes tan queridas y vividas por mí en la vida, y porque he sido mártir de la penitencia y de los sufrimientos". Me dijo, después que aplicara aquel Vía Crucis en sufragio por las Benditas Almas del Purgatorio, y se alejó después de dirigirme estas precisas palabras: "Adiós, hija, te espero en el cielo para ver y alabar a Dios y poseerlo para toda la vida" (*San Pablo de la Cruz,* P. Luis-Teresa de G., –reportado en el proceso –ord. y ap.– pp. 422-433, Roma, 1952).

5. Reflexión

Guía: El amor es la plenitud de la ley. El que ama de veras a Dios y al prójimo la ha observado toda. El que no cumple estos dos preceptos realmente no cumple ningún otro. Los creyentes día a día debemos amarnos más y más, para crecer siempre en el amor y en el servicio de unos a otros. Esforcémonos por vivir cada día más así: como el grano de trigo, Cristo, y Dios nos glorificará como ha glorificado a Cristo y como esperamos que habrá empezado a glorificar ya también a este(a) hermano(a) nuestro(a).

6. Oración común de toda la familia

Guía: Hermanos, oremos, a nuestro Padre del cielo y, por Jesucristo, Luz y Camino de la humanidad, presentémosle nuestras súplicas por nuestro(a) hermano(a) N., y por todos los difuntos.

Todos responden: *Padre, escucha nuestra oración.*

1. Para que la Santa Iglesia muestre siempre a todos el camino del cielo y la senda de la libertad, roguemos al Señor.

Todos: *Padre, escucha nuestra oración.*

2. Para que nuestro(a) hermano(a) N., alcance el término del camino y como Lázaro obtenga el premio eterno, roguemos al Señor.

Todos: *Padre, escucha nuestra oración.*

3. Para que todos los que se encuentran en pecado, alcancen la misericordia de Dios, roguemos al Señor.

Todos: *Padre, escucha nuestra oración.*

4. Para que nosotros y todos los difuntos un día veamos transfigurados nuestros cuerpos humildes en cuerpos gloriosos, roguemos al Señor.

Todos: *Padre, escucha nuestra oración.*

7. Padre nuestro

Guía: Ahora, recemos la misma oración que Jesús nos enseñó, fortaleciendo así nuestra fe y nuestra esperanza:

Todos: *Padre nuestro, que estás en el cielo, santificado sea tu Nombre; venga a nosotros tu reino; hágase tu voluntad en la tierra como en el cielo. Danos hoy nuestro pan de cada día; perdona nuestras ofensas, como también nosotros perdonamos a los que nos ofenden; no nos dejes caer en la tentación, y líbranos del mal.*

8. Oración

Guía: Recibe, Padre de misericordia, el alma de nuestro(a) hermano(a) N., en el regazo de tu perdón y de tu amor. Danos a nosotros resignación y la firme voluntad de seguir por nuestro camino para llegar a Cristo y por Él a ti, Padre nuestro, que estás en el cielo y que vives siempre y para siempre con el Hijo y el Espíritu de Consuelo y Amor, por los siglos de los siglos.

Todos: Amén.

9. Canto final

Escójase el canto más apropiado. Véase la página 270.

10. Despedida

Guía: Dale Señor el descanso eterno.

Todos: *Y brille para él (ella) la luz perpetua.*

Guía: Que nuestro(a) hermano(a) N., y todos los fieles difuntos, por la misericordia de Dios, descansen en paz.

Todos: *Amén*.

Guía: Ave María purísima.

Todos: *En gracia de Dios concebida*.

> **"¿Por qué buscan**
> **entre los muertos?**
> **¡No está aquí,**
> **ha resucitado!" (Lucas 24, 5-6)**

QUINTO DÍA

1. Canto de inicio

Selecciónese el canto más apropiado para que todos lo puedan cantar. Véase la página 270.

2. Saludo

Guía: En el nombre del Padre, † y del Hijo y del Espíritu Santo.

Todos: *Amén.*

Guía: El Señor que llamó a nuestro(a) hermano(a) bendiga nuestra reunión y se digne escuchar nuestras plegarias. Fortalecidos por la fe en su poder y misericordia, apoyados en la protección de la Virgen María, Nuestra Madre, ofrezcamos a Dios Padre este Novenario por el descanso del alma de nuestro(a) hermano(a) N.

Si se acostumbra rezar el Santo Rosario en el Novenario, en este momento se inicia como se indica en la página 145, y una vez terminado se continúa con el número 3.

3. Oración

Guía: Oh Dios, ante quien vive todo lo que está destinado a la muerte y para quien nuestros cuerpos, al morir, no perecen, sino que se transforman y adquieren una vida mejor, te pedimos por el alma de

223

tu siervo(a) difunto(a), para que sea llevado(a) por los ángeles a la morada de nuestro padre Abraham, tu amigo, y así resucite en el día grande del juicio. Por Jesucristo, nuestro Señor.

Todos: *Amén*.

4. Lecturas

Lector 1: Lectura de la primera carta del apóstol san Pablo a los Corintios: 15, 20-24. 25-28.

Hermanos: Cristo resucitó en verdad y resucitó como primicia de todos los muertos, porque si por un hombre vino la muerte, también por un hombre vendrá la resurrección de los muertos. En efecto, así como en Adán todos mueren, así en Cristo todos volverán a la vida; pero cada uno en su orden: primero Cristo, como primicia; después, a la hora de su advenimiento, los que son de Cristo. Entonces Cristo entregará el Reino a su Padre, porque él tiene que reinar hasta que el Padre ponga bajo sus pies a todos sus enemigos. El último de los enemigos en ser aniquilado, será la muerte. Al final, cuando todo se le haya sometido. Cristo mismo se someterá al Padre y así Dios será todo en todas las cosas. Palabra de Dios.
Todos: *Te alabamos, Señor*.

Salmo responsorial 48

Guía: ¡Dios me salva y me lleva consigo!

Todos: *¡Dios me salva y me lleva consigo!*

Guía: ¿Por qué habré de temer los días aciagos, cuando me cerquen y me acechen los malvados? Mira: los sabios mueren lo mismo que perecen los ignorantes y necios.

Todos: *¡Dios me salva y me lleva consigo!*

Guía: ¡No te preocupes si se enriquece un hombre y aumenta el fausto de su casa, cuando muera no se llevará nada: la muerte es su pastor, bajan derechos a la tumba.

Todos: *¡Dios me salva y me lleva consigo!*

Guía: Pero a mí Dios me salva, me saca de las garras del abismo y me lleva consigo.

Todos: *¡Dios me salva y me lleva consigo!*

Lector 2: Lectura del santo Evangelio según san Lucas: 16,19-31.

Había un hombre rico, que se vestía de púrpura y lino finísimo, y todos los días celebraba espléndidos banquetes. Un pobre llamado Lázaro yacía a la puerta de su palacio, todo cubierto de úlceras, ansiando por llenarse de lo que caía de la mesa del rico, y los perros iban y le lamían las úlceras. Pero sucedió que murió el pobre y los ángeles se lo llevaron al seno de Abraham. Después murió también el rico y lo enterraron. Estando éste allá en el infierno, en medio de sus tormentos alcanzó a ver a lo lejos a Abraham y a Lázaro que estaba en su seno. Entonces gritó en alta voz: "Padre Abraham, compadécete de mí: mándame

225

acá a Lázaro para que mojándose la punta de su dedo en agua me refresque la lengua, porque estoy siendo atormentado en esta llama". Pero Abraham le respondió: "Hijo, acuérdate de que tú tuviste tus goces en la vida, mientras que Lázaro tuvo igualmente sus penas. En cambio, acá goza él ahora de consuelo, mientras que tú sufres tormentos. Por otra parte, se abre un abismo profundo entre nosotros y vosotros: de manera que ni los que quieran pasar a allá pueden hacerlo, ni se puede tampoco de allá para acá". Entonces le dijo el rico: "Padre, te suplico que lo mandes a la casa de mi padre, pues me quedan allá cinco hermanos, para que les advierta, a fin de que no vengan ellos también a parar en este lugar de tormentos". Abraham le dijo: "Allá tienen a Moisés y a los demás profetas; que los escuchen". Pero él insistía: "No, padre Abraham: si alguno de entre los muertos va a decírselo, entonces sí se arrepentirán". Pero Abraham le replicó: "Si no les hacen caso a Moisés y a los profetas, aunque un muerto resucite ni así se convencerán".

Palabra del Señor.

Todos: *Gloria a ti, Señor Jesús*.

La siguiente lectura puede omitirse, si se cree oportuno, pasando directamente al número 5.

Lector 3: Lectura de la vida de San Pablo de la Cruz:

Se lee en su vida que una vez el santo aconsejó a un sacerdote que se corrigiera de ciertos defectos. Los avisos no surtieron efecto. Una noche encontrándose en la casa de Retiro de San Ángel, mientras descansaba, escuchó que tocaban a su puerta. Pensando que fuese el demonio que venía a molestarlo, el siervo de Dios le dijo: "¡Vete, de aquí!" Después de unos momentos, otra vez tocaron como antes. Y Pablo le dijo de nuevo: "¡Vete, de aquí!" A la tercera vez, pensó que no podía ser el demonio y respondió: "Yo te pido en nombre de Dios que digas quién eres y qué cosa quieres". Oyó una voz que le respondió: "¡Soy el alma del ... (el sacerdote amigo) que he muerto esta tarde a las seis y media y he ido al Purgatorio por aquellos defectos de los cuales muchas veces me habéis avisado. ¡Qué penas. Me parece que he pasado miles de años en el Purgatorio!" Pablo miró el reloj, eran las seis y tres cuartos. "¿Hace un cuarto de hora que has muerto y te parecen millares de años?" –"Sí, me parecen millares de años".

Movido a compasión por los sufrimientos de aquella alma, el santo recurre de inmediato a los actos de penitencia. Pero al no recibir ningún aviso de su liberación, repite los actos de penitencia y ora fervorosamente al Señor. Y el Señor le hace entender que esa alma será liberada al día siguiente. La mañana siguiente dentro del santo sacrificio Eucarístico vio que aquella alma subía a los cielos rodeada de luz. (*San Pablo de la Cruz*, P. Luis-Teresa de G., p. 394, Roma, 1952).

5. Reflexión

Guía: Como cristianos, sabemos que la vida no termina con la muerte sino que después de ella pasamos a vivir en el cielo o en el infierno para siempre. La Iglesia nos enseña que todos necesitamos purificarnos de nuestros pecados antes de que entremos en el cielo. A este estado de purificación lo llamamos: Purgatorio. Es, pues, el lugar donde se purifican las almas. Ahora nosotros, podemos desde aquí, desde la vida, orar por ellos y por ellas para que participen de la gloria de Dios.

6. Oración común de toda la familia

Guía: Oremos, hermanos, por las almas de los fieles difuntos que nos han precedido en el camino hacia la gloria.

Todos responden: *Te lo pedimos, Señor.*

1. Para que el Rey de la gloria libre las almas de todos los fieles difuntos de las penas eternas, roguemos al Señor.

Todos: *Te lo pedimos, Señor.*

2. Para que no caigan en los lazos del maligno, en las tinieblas que separan de Dios, roguemos al Señor.

Todos: *Te lo pedimos, Señor.*

3. Para que san Miguel las conduzca a la presencia del Juez misericordioso de todos los hombres, roguemos al Señor.

Todos: *Te lo pedimos, Señor.*

4. Para que el cuerpo de nuestro(a) hermano(a) .N., santificado(a) por la gracia de Dios, que por el Bautismo y la Eucaristía encerró el grano de inmortalidad, brote glorioso en la resurrección, roguemos al Señor.

Todos: *Te lo pedimos, Señor.*

5. Para que todos los que sufren, en el cuerpo o en el alma, comprendan la necesidad y fecundidad terrena y eterna del dolor, roguemos al Señor.

Todos: *Te lo pedimos, Señor.*

6. Para que la frecuente participación de la Eucaristía, nos haga ser conscientes en el misterio purificador y redentor del sufrimiento, roguemos al Señor.

Todos: *Te lo pedimos, Señor.*

7. Padre nuestro

Guía: Dirijamos ahora nuestra oración al Padre, repitiendo las palabras que Jesús nos enseñó:

Todos: *Padre nuestro, que estás en el cielo, santificado sea tu Nombre; venga a nosotros tu reino; hágase tu voluntad en la tierra como en el cielo. Danos hoy nuestro pan de cada día; perdona nuestras ofensas, como también nosotros perdonamos a los que nos ofenden; no nos dejes caer en la tentación, y líbranos del mal.*

8. Oración

Guía: Señor, ten misericordia con tu hijo(a) N. Que no sufra las penas del Purgatorio que todos merecemos por nuestros pecados, sino que, atendiendo a las súplicas de tu Iglesia y de todos los aquí presentes, le concedas la gloria eterna. Atiende Señor, a las buenas obras y a la buena fe que manifestó durante su vida, y merezca por tu infinita misericordia la luz eterna de los cielos. Te lo pedimos por nuestro Señor Jesucristo, tu Hijo, que vive y reina contigo en la unidad del Espíritu Santo y es Dios por los siglos de los siglos.

Todos: *Amén.*

9. Canto final

Escójase al canto más apropiado. Véase la página 270.

10. Despedida

Guía: Dale Señor el descanso eterno.

Todos: *Y brille para él (ella) la luz perpetua.*

Guía: Que nuestro(a) hermano(a) N., y todos los fieles difuntos, por la misericordia de Dios, descansen en paz.

Todos: *Amén.*

Guía: Ave María purísima.

Todos: *En gracia de Dios concebida.*

SEXTO DÍA

1. Canto de inicio

Selecciónese el canto más apropiado para que todos lo puedan cantar. Véase la página 270.

2. Saludo

Guía: En el nombre del Padre, † y del Hijo y del Espíritu Santo.

Todos: *Amén.*

Guía: El Señor bendiga a los aquí reunidos que en su nombre rezamos por el eterno descanso del alma de nuestro(a) hermano(a) N. A todos nos unen lazos de sangre o de amistad: que este Novenario obtenga la salvación a nuestro(a) hermano(a) y haga crecer entre todos nosotros la caridad. Nuestra Madre, la Santísima Virgen María, nos asista y nos acompañe en este acto de oración.

Si se acostumbra rezar el Santo Rosario en el Novenario, en este momento se inicia como se indica en la página 145, y una vez terminado se continúa con el número 3.

3. Oración

Guía: Señor Dios, creador y redentor nuestro, concede a tu siervo(a) difunto(a) N., el perdón de todos sus pecados, y que por estas oraciones frater-

nas alcance de ti la misericordia que siempre deseó.
Tú que vives y reinas por los siglos de los siglos.
Todos: *Amén*.

4. Lecturas

Lector 1: Lectura de la carta del apóstol san Pablo a
los Romanos: 8,14-23.

Hermanos: Los que se dejan guiar por el Espíritu
de Dios, ésos son hijos de Dios. No habéis recibido
un espíritu de esclavitud que os haga temer de nuevo,
sino un espíritu de adopción, en virtud del cual podemos llamar Padre a Dios. En esto, el Espíritu Santo,
a una con nuestro propio espíritu, da testimonio de
que somos hijos de Dios. Y si somos hijos, somos
también herederos de Dios y coherederos con Cristo,
pues sufrimos con él para ser conglorificados con él.
En realidad, yo estimo que los sufrimientos de esta
vida no pueden compararse con la gloria futura que
se manifestará en nosotros. Lo que con ansia espera
la creatura es la manifestación de los hijos de Dios.
Pues la creatura ha sido sometida a la vanidad, no por
su gusto, sino por orden de quien la sujetó, con una
esperanza, porque la creatura será liberada de la esclavitud de la corrupción, para obtener la libertad de
la gloria de los hijos de Dios. Porque sabemos que
todas las criaturas han estado gimiendo y sufriendo
dolor de parto hasta ahora. Y no solamente ellas, hasta nosotros que tenemos las primicias del Espíritu
dentro de nosotros, gimiendo también interiormente,

232

esperando la adopción de hijos, la liberación de nuestros cuerpos.

Palabra de Dios.

Todos: *Te alabamos, Señor.*

Salmo responsorial 9

Guía: ¡Levántate, Señor, extiende tu mano!
Todos: *¡Levántate, Señor, extiende tu mano!*

Guía: Dios está sentado por siempre en el trono que ha colocado para juzgar. Él juzgará al orbe con justicia, Él regirá las naciones con rectitud.
Todos: *¡Levántate, Señor, extiende tu mano!*

Guía: Levántate del umbral de la muerte para que pueda proclamar tus alabanzas. ¿Por qué ha de despreciar a Dios el malvado pensando que no le pedirá cuentas?
Todos: *¡Levántate, Señor, extiende tu mano!*

Guía: Tú ves las penas y los trabajos, Tú escuchas los deseos de los humildes; a Ti se encomienda el pobre. Tú defiendes al huérfano y desvalido.
Todos: *¡Levántate, Señor, extiende tu mano!*

Lector 2: Lectura del santo Evangelio según san Marcos: 15, 33-39.

Al llegar el mediodía, toda aquella tierra se quedó en tinieblas hasta las tres de la tarde. Y a las tres, Jesús gritó con voz potente: "Eloí, Eloí, ¿lemá sabactaní?"(que

233

significa: Dios mío, Dios mío, ¿por qué me has abandonado?) Algunos de los presentes, al oírlo, decían: "Miren; está llamando a Elías". Uno corrió a empapar una esponja en vinagre, la sujetó a un carrizo y se la acercó para que bebiera, diciendo: "Vamos a ver si viene Elías a bajarlo". Jesús, dando un fuerte grito, expiró. Entonces el velo del templo se rasgó en dos, de arriba a abajo. El centurión que estaba frente a Jesús, al ver cómo había expirado, dijo: "De veras, este hombre era Hijo de Dios". Palabra del Señor.

Todos: *Gloria a ti, Señor Jesús.*

La siguiente lectura puede omitirse, si se cree oportuno, pasando directamente al número 5.

Lector 3: Lectura de la vida de santa Isabel de Hungría:

Siendo muy joven santa Isabel, perdió a su madre, Gertrudis. Enseguida se empeñó muchísimo en sufragar el alma de su madre con oraciones, ayunos y limosnas. Pero una noche fue despertada por unos insistentes suspiros y gemidos. Asustada, se incorporó, sentándose en la cama y entonces se le apareció una mujer envuelta con vestidos fúnebres; presentaba un rostro muy adolorido; arrodillándose exclamó ante Isabel: "¡Hijita, mira a tu madre cómo sufre! Por el amor que te tuve, duplica tus oraciones, limosnas y penitencias".

La futura santa escuchó la súplica de su madre. Poco tiempo después, su madre reapareció entre coros de ángeles, y le dijo: "Te lo agradezco; Dios ha aceptado tus sufragios; estoy salvada". (*El Purgato-*

234

rio, Santiago Alberione, pp. 35-36, Ed. Alba, S.A., Guadalajara, Jal.)

5. Reflexión

Guía: La muerte del cristiano se realiza de dos formas: Con Cristo y sin Cristo, en el amor y en el odio y en el egoísmo. *Muerte sin Cristo*: es decir sin fe ni esperanza cristianas. Cuando se vivió una fe sin obras: estéril, sin obras: no se amó a Dios ni al prójimo. *Muerte con Cristo*: es decir activa y conscientemente con Cristo y con los hermanos.

6. Oración común de toda la familia

Guía: Pidamos ahora por nuestro(a) hermano(a) a nuestro Señor Jesucristo, que ha iluminado con sus palabras el sentido de la muerte.
Todos responden: *Señor, escúchanos y ten piedad.*

1. Señor, tú que lloraste en la tumba de Lázaro, dígnate enjugar nuestras lágrimas.
Todos: *Señor, escúchanos y ten piedad.*

2. Tú que resucitaste a los muertos, dígnate dar la vida eterna a nuestro(a) hermano(a).
Todos: *Señor, escúchanos y ten piedad.*

3. Tú que perdonaste en la cruz al buen ladrón y le prometiste el paraíso, dígnate perdonar y llevar al cielo a nuestro(a) hermano(a).
Todos: *Señor, escúchanos y ten piedad.*

4. Tú que has purificado a nuestro(a) hermano(a) en el agua del Bautismo y lo (la) ungiste con el óleo de la Confirmación, dígnate admitirlo(a) entre tus santos y elegidos.

Todos: *Señor, escúchanos y ten piedad.*

5. Tú que alimentaste a nuestro(a) hermano(a) con tu Cuerpo y tu Sangre, dígnate también admitirlo (a) en la mesa de tu reino.

Todos: *Señor, escúchanos y ten piedad.*

6. Y a nosotros, que lloramos su muerte, dígnate confortarnos con la fe y la esperanza de la vida eterna.

Todos: *Señor, escúchanos y ten piedad.*

7. Padre nuestro

Guía: Dirijamos ahora nuestra oración al Padre, repitiendo las palabras que Jesús nos enseñó:

Todos: *Padre nuestro, que estás en el cielo, santificado sea tu Nombre; venga a nosotros tu reino; hágase tu voluntad en la tierra como en el cielo. Danos hoy nuestro pan de cada día; perdona nuestras ofensas, como también nosotros perdonamos a los que nos ofenden; no nos dejes caer en la tentación, y líbranos del mal.*

8. Oración

Guía: Te rogamos, Señor, tengas piedad de nuestro(a) hermano(a) difunto(a) N., y por tu misericordia no lo (la) castigues por las obras de su vida, pues su intención fue cumplir tu santa voluntad; para que, así como la verdadera fe lo (la) unió en la tierra a la comunidad de los creyentes, también en el cielo te dignes juntarlo(a) a los coros celestiales. Por Jesucristo, nuestro Señor.

Todos: *Amén.*

9. Canto final

Escójase el canto más apropiado. Véase la página 270.

10. Despedida

Guía: Dale Señor el descanso eterno.
Todos: *Y brille para él (ella) la luz perpetua.*

Guía: Que nuestro(a) hermano(a) N., y todos los fieles difuntos, por la misericordia de Dios, descansen en paz.
Todos: *Amén*

Guía: Ave María purísima.
Todos: *En gracia de Dios concebida.*

"La fe en Cristo no suprime el sufrimiento, pero lo ilumina, lo eleva, lo purifica, lo sublima, lo vuelve válido para la eternidad" (Juan Pablo II)

SÉPTIMO DÍA

1. Canto de inicio

Selecciónese el canto más apropiado para que todos lo puedan cantar. Véase la página 270.

2. Saludo

Guía: En el nombre del Padre, † y del Hijo y del Espíritu Santo.
Todos: *Amén*.

Guía: Una semana ha pasado ya desde que el camino de nuestro(a) hermano(a) N., se detuvo en esta vida. Ahora nuevamente nos reunimos, Señor, para ofrecerte nuestras oraciones por su eterno descanso.

Si se acostumbra rezar el Santo Rosario en el Novenario, en este momento se inicia como se indica en la página 145, u una vez terminado se continúa con el número 3.

3. Oración

Guía: Inclina, Señor, tu oído a nuestras oraciones por quien humildemente imploramos de tu misericordia que establezcas en la morada de la paz y de la luz el alma de tu siervo(a) nuestro(a) hermano(a) N., que has hecho salir de este mundo y lo (la) asocies a la compañía de tus Santos. Por Jesucristo, nuestro Señor.
Todos: *Amén*.

238

4. Lecturas

Lector 1: Lectura de la primera carta del apóstol san Juan 3,1-2.

Ved cuánto amor nos ha manifestado el Padre, al ser llamados hijos de Dios; y sí lo somos. La razón de que no nos conozca el mundo es que no lo conoce a él. Amados míos, ya somos hijos de Dios, aunque no se ha manifestado todavía cómo seremos al fin. Ya sabemos que cuando él se manifieste, seremos semejantes a él, porque lo veremos como es. Palabra de Dios.
Todos: *Te alabamos, Señor.*

Salmo responsorial 30

Guía: A ti, Señor, me acojo. ¡Ven aprisa a ayudarme!
Todos: *A ti, Señor, me acojo. ¡Ven aprisa a ayudarme!*

Guía: No quede yo nunca defraudado, sácame de la red que me han tendido. En tus manos encomiendo mi espíritu, no me has entregado en manos del enemigo, has puesto mis pies en un camino ancho.
Todos: *A ti, Señor, me acojo. ¡Ven aprisa a ayudarme!*

Guía: En tus manos están mis azares, haz brillar tu rostro sobre tu siervo. ¡Qué bondad tan grande, Señor, concedes a los que a ti se acogen!
Todos: *A ti, Señor, me acojo. ¡Ven aprisa a ayudarme!*

Guía: Bendito el Señor que ha hecho por mí prodigios de misericordia. Escuchaste mi voz suplicante cuando yo te gritaba. ¡Sed fuertes y valientes de corazón los que esperáis en el Señor!

Todos: *A ti, Señor, me acojo. ¡Ven aprisa a ayudarme!*

Lector 2: Lectura del santo Evangelio según san Mateo: 5,1-12.

En aquel tiempo, viendo Jesús al gentío, subió al monte. Cuando se hubo sentado, se le reunieron sus discípulos. Enseguida comenzó a enseñarles, hablándoles así: "Bienaventurados los pobres de espíritu, porque suyo es el Reino de los cielos. Bienaventurados los apacibles, porque poseerán la tierra. Bienaventurados los que lloran, porque serán consolados. Bienaventurados los que tienen hambre y sed de justicia, porque serán saciados. Bienaventurados los misericordiosos, porque obtendrán misericordia. Bienaventurados los puros de corazón, porque verán a Dios. Bienaventurados los que trabajan por la paz, porque se les llamará hijos de Dios. Bienaventurados los perseguidos por causa de la justicia, porque suyo es el Reino de los cielos. Bienaventurados seréis vosotros cuando os injurien, os persigan y digan falsamente cualquier cosa mala de vosotros por causa mía. Alegraos y saltad de contento, porque vuestro premio será grande allá en los cielos".
Palabra del Señor.

Todos: *Gloria a ti, Señor Jesús.*

La siguiente lectura puede omitirse, si se cree oportuno, pasando directamente al número 5.

Lector 3: Lectura de la vida de las Terciarias Franciscanas del convento de Foliño, provincia de Perugia (Italia):

En el convento de las Terciarias Franciscanas del pueblo de Foliño, vivía una piadosa religiosa llamada hermana Teresa Gesta. Murió improvisamente de un infarto. Doce días después de su muerte, una hermana religiosa, Ana Felícitas, mientras entraba a su celda, escuchó varios gemidos, y después una voz adolorida: "¡Mi Dios, cuánto sufro!" La hermana Ana reconoció de inmediato la voz de la hermana difunta. En un instante la celda se llenó de humo; y en medio de ésta apareció la sombra de la hermana Teresa; la cual, agarrándose poco a poco de las paredes se dirigió hacia la puerta, en donde dejó impresa la mano derecha, exclamando: "¡He aquí una prueba de la misericordia de Dios!" Así dejó sobre la puerta la huella de la mano, como si se hubiera hecho con un fierro incandescente.

La sombra desapareció, y la hermana Ana, medio desmayada por el susto, se puso a gritar. Al llegar las hermanas, percibieron el olor de leña quemada y al ver en la puerta la huella de una mano, se quedaron asombradas. Las hermanas oraron toda la noche por el eterno descanso de la hermana Teresa.

El día siguiente la noticia se desparramó por todo el pueblo. Muchas personas vinieron a ver lo sucedido. El obispo ordenó una investigación; y, en la presencia de muchas personas se abrió la tumba de la hermana Teresa; y se vio que la huella era semejante a la mano de la difunta.

La puerta se conserva todavía hoy en Foliño en el convento de las Terciarias. (*Cfr.* I. *G. De Segur, L'*Enfer, pp. 77-82; París, 1876).

5. Reflexión

Guía: El amor es el mejor compañero ante el Juicio de Dios. En la vida, es necesario tener fe; pero no basta tener fe: hay que responder a Cristo en quien se cree, con una vida parecida a la suya, que se reduce a esto: Amar, Cristo nos amó al crearnos, y nos ama al conservarnos en el ser; nos amó al hacerse hombre por nosotros para que lleguemos a Dios; nos amó al asumir todas las realidades humanas, menos en el pecado; nos amó en la vida, en el trabajo, en el dolor, en la pobreza...; nos amó, sobre todo, en la muerte, entregando su vida por todos: "nadie tiene mayor amor que el que da su vida por el que ama". Pero ese amor quiere Cristo que lo demostremos en los hermanos: "Amaos unos a otros como yo os he amado": dar de comer, de beber, vestir al desnudo, visitar al enfermo y encarcelado; consolar al triste; ayudar al necesitado; enseñar al que no sabe; ser amable; ser bueno, servicial, disponible, atento a todos; no juzgar a nadie, saber callar, olvidar, perdonar... Esto es lo esencial del cristianismo y del cristiano: "Dios es Amor". "Bienaventurados los justos que mueren en el Señor. Que descansen de sus fatigas, porque sus obras los acompañan". Que las buenas obras de caridad acompañen a nuestro(a) hermano(a) ante Dios, y que Cristo supla con su amor lo que a él (ella) le falte, y lo (la) admita cuanto antes en su Reino de amor.

6. Oración común de toda la familia

Guía: Roguemos todos juntos a Dios nuestro Señor, de quien es propio perdonar y tener misericordia, para que se apiade del alma de nuestro(a) hermano(a), a quien mandó salir de este mundo.

Todos responden: *Concédele, Señor, el descanso eterno.*

1. Te rogamos, Señor, Dios omnipotente y eterno, que mandes a tus ángeles salir al encuentro de nuestro(a) hermano(a) para que reciban su alma y la lleven a tu altísima presencia.
   Todos: *Concédele, Señor, el descanso eterno.*

2. Te rogamos, Señor, que Jesucristo, tu único Hijo, quien se dignó llamar a la confesión de su fe a nuestro(a) hermano(a), lo (la) reciba y mande a sus Santos que lo (la) introduzcan en la participación de su Reino.
   Todos: *Concédele, Señor, el descanso eterno.*

3. Te rogamos, Señor, Espíritu divino, que mitigues las penas del Purgatorio al alma de nuestro(a) hermano(a) y sea admitida en el gozo de tu eterna bienaventuranza.
   Todos: *Concédele, Señor, el descanso eterno.*

4. Te rogamos, Señor, por la intercesión de la Santísima Virgen María, que suavices la severidad de tu juicio con nuestro(a) hermano(a) porque nadie será hallado limpio en tu presencia, si tú mismo no le concedes el perdón.

Todos: *Concédele, Señor, el descanso eterno.*

5. Te rogamos, Señor, por el patrocinio de San José, no recaiga sobre el alma de nuestro(a) hermano(a) la severidad de tu juicio, pues mientras vivió en este mundo llevó impreso el sello de la Augusta Trinidad.
Todos: *Concédele, Señor, el descanso eterno.*

7. Padre nuestro

Guía: Oremos ahora al Padre, tal como Cristo nos enseñó:
Todos: *Padre nuestro, que estás en el cielo, santificado sea tu Nombre; venga a nosotros tu reino; hágase tu voluntad en la tierra como en el cielo.*
Danos hoy nuestro pan de cada día; perdona nuestras ofensas, como también nosotros perdonamos a los que nos ofenden; no nos dejes caer en la tentación, y líbranos del mal.

8. Oración

Guía: Dios, para quien todos viven y para quien no perecen las almas cuando mueren los cuerpos, sino que pasan a otra vida mejor: Te suplicamos humildemente mandes sea llevada el alma de nuestro(a) hermano(a) en las manos de tus santos ángeles al gozo de los patriarcas, y le concedas la gloria de la resurrección en el último juicio. Tú, bondadoso y misericordioso Señor, perdónale cualquier deuda que, por engaño del enemigo, hubiere contraído. Por Jesucristo, nuestro Señor.
Todos: *Amén.*

9. Canto final

Escójase el canto más apropiado. Véase la página 270.

10. Despedida

Guía: Dale Señor el descanso eterno.
Todos: *Y brille para él(ella) la luz perpetua.*

Guía: Que nuestro(a) hermano(a) N., y todos los fieles difuntos, por la misericordia de Dios, descansen en paz.
Todos: *Amén.*

Guía: Ave María purísima.
Todos: *En gracia de Dios concebida.*

Cómo ayudar a nuestros difuntos. La Iglesia nos dice: "Oren por sus difuntos; ofrezcan sacrificios por ellos; apliquen el valor de sus buenas obras por las benditas almas del Purgatorio".

OCTAVO DÍA

1. Canto de inicio

Selecciónese el canto más apropiado para que todos lo puedan cantar. Véase la página 270.

2. Saludo

Guía: En el nombre del Padre, † y del Hijo y del Espíritu Santo.
Todos: *Amén*.

Guía: Hermanos, creemos firmemente en la Palabra del Señor: "Yo soy la resurrección y la vida. El que cree en mí, aunque muera, vivirá; y todo el que vive y cree en mí, no morirá jamás". Fortalecidos por esta fe y esperanza, nos reunimos otra vez aquí para ofrecer a Dios este Novenario por el descanso del alma de nuestro(a) hermano(a) N. El Señor, dueño de la vida y de la muerte, bendiga esta reunión y nos conceda lo que pedimos con fe.

Si se acostumbra rezar el Santo Rosario en el Novenario, en este momento se inicia como se indica en la página 145, y una vez terminado se continúa con el número 3.

3. Oración

Guía: Escucha nuestras oraciones, Dios de misericordia. Para que se abran a tu siervo(a) nuestro(a) hermano(a) N., las puertas del paraíso, y los que permanecemos en este mundo nos consolemos mutuamente con palabras de fe, hasta que vayamos al encuentro de Cristo y así podamos estar siempre con el Señor y con nuestro(a) hermano(a). Por Jesucristo, nuestro Señor.

Todos: *Amén*.

4. Lecturas

Lector 1: Lectura del libro del Apocalipsis del apóstol San Juan: 21, 1-5. 6-7.

Yo, Juan, vi un cielo nuevo y una tierra nueva, porque el primer cielo y la primera tierra se acabaron y el mar no existe ya. También vi que descendía del cielo, desde donde está Dios, la ciudad santa, la nueva Jerusalén, engalanada como una novia que va a desposarse con su prometido. Oí una gran voz, que venía del cielo y que decía: "Esta es la morada de Dios con los hombres; vivirá con ellos como su Dios y ellos serán su pueblo. Dios les enjugará todas sus lágrimas y ya no existirán muerte ni duelo, ni penas ni llantos, porque ya todo lo antiguo terminó". Entonces, el que estaba sentado en el trono dijo: "Ahora yo voy a hacer nuevas todas las cosas". Me dijo también: "Hecho está. Yo soy la 'A' y la 'Z', el Principio y el Fin; al que tenga sed, yo le daré gratuitamente del manantial del agua de la vida. Esta será la herencia del vencedor: 'Yo seré Dios para él, y él será hijo para mí'".

Palabra de Dios.

Todos: *Te alabamos, Señor*.

Salmo responsorial 15

Guía: ¡Protégeme, Señor, que en ti me refugio!
Todos: *¡Protégeme, Señor, que en ti me refugio!*

Guía: Bendeciré al Señor que me aconseja, hasta de noche me instruye internamente. Tengo siempre presente al Señor, con Él a mi derecha no vacilaré.
Todos: *¡Protégeme, Señor, que en ti me refugio!*

Guía: Se alegra mi corazón, se gozan mis entrañas y mi carne descansa serena, porque no me entregarás a la muerte ni dejarás a tu fiel conocer la corrupción.
Todos: *¡Protégeme, Señor, que en ti me refugio!*

Guía: Me enseñarás el sendero de la vida, me saciarás de gozo en tu presencia, de alegría perpetua a tu derecha.
Todos: *¡Protégeme, Señor, que en ti me refugio!*

Lector 2: Lectura del santo Evangelio según san Juan: 14, 1-6.

En aquel tiempo dijo Jesús a sus discípulos: "No se turbe vuestro corazón. Si creéis en Dios, creed también en mí. En la casa de mi Padre hay muchas habitaciones. Si así no fuera, os lo habría dicho, porque voy a prepararos un lugar. Cuando vaya y os prepare el sitio, volveré y os llevaré conmigo, para que donde yo estoy, estéis también vosotros. En cuanto al lugar a donde voy, ya sabéis el camino". Entonces Tomás le dijo: "Señor, no sabemos a dónde vas, ¿cómo

249

podemos saber el camino?" Jesús le respondió: "Yo soy el camino, la verdad y la vida. Nadie va al Padre sino por mí". Palabra del Señor.

Todos: *Gloria a ti, Señor Jesús*.

La siguiente lectura puede omitirse, si se cree oportuno, pasando directamente al número 5.

Lector 3: Lectura tomada de la vida de san Gregorio Magno:

El origen de las Misas gregorianas nos lo describe el mismo san Gregorio.

"Escuchad lo que aconteció en mi monasterio: Teníamos un monje de nombre Justo; que era muy hábil para la medicina, era él quien me atendía en mis enfermedades.

"De improviso cayó enfermó y pronto se vio a punto de morir.

"Su hermano Copioso, llegó para atenderlo. El enfermo comprendió que para él ya no había esperanza de vivir; por eso reveló a su hermano que había escondido tres monedas de oro en cierto lugar.

"Los hermanos del monasterio fueron informados y después de minuciosa búsqueda, las encontraron.

"Cuando recibí la noticia, me entristecí mucho, al saber que un hermano de nuestra comunidad se había hecho culpable de una gran falta, ya que la regla en vigor para nuestro monasterio, manda que todo se tenga en común, y que nadie posea algo en propiedad.

"Lleno de dolor me pregunté a mí mismo qué po-

250

día hacer para ayudar a aquel hermano moribundo, expiando su culpa, y dando de esta manera a los demás una lección saludable.

"Llamé al superior del monasterio y le dije: 'Ve y diles a los hermanos que ninguno se acerque al moribundo para consolarlo; y que su hermano Copioso le diga que lo que ha hecho es motivo de horror para todos. Al menos llorará su pecado y así alcanzará el perdón. Cuando fallezca, que se cave una fosa en el campo y se entierre su cuerpo con las tres monedas de oro; y que todos declaren: tu dinero te sea de perdición (Hch 8, 20): después de esto lo cubrirán con la tierra. Mi intención es que todo esto sirva de escarmiento para la comunidad. La amargura de la muerte obtendrá para Justo la remisión de su pecado; y la severidad con la cual ha sido castigada esta transgresión, ayudará a los demás a no cometer el mismo pecado'.

"Y así se hizo. A punto de morir, en medio de la agonía, Justo quiso encomendarse a las oraciones de sus hermanos, pero ninguno se le acercó ni le dirigió la palabra. Su hermano Copioso le explicó la razón por la cual lo habían abandonado. El enfermo se entristeció por su pecado; y con un vivo dolor dejó este mundo.

"Su cuerpo fue sepultado como se había ordenado. La comunidad recibió una sabia lección, cada monje se desprendió hasta de las cosas más insignificantes, con el temor de incurrir en el mismo pecado, exponiéndose a tan horrible castigo.

"Al cabo de treinta días de su muerte, sentí aflicción por aquel hermano difunto, al pensar en las penas que sufriría y los medios con los cuales yo podría ayudarle.

"Hice llamar nuevamente al superior del monasterio y le dije tristemente: 'Hace mucho tiempo que nuestro hermano difunto sufre entre llamas; y la caridad pide que hagamos algo por él, que le ayudemos en cuanto podamos, para librarlo lo más pronto posible. Ve, pues, y desde hoy comienza a celebrar la santa Misa por él durante treinta días seguidos y no dejes pasar un día sin que se ofrezca el santo sacrificio por sus necesidades'. El superior se fue y cumplió puntualmente lo acordado. Absorto en muchas preocupaciones, no iba contando los días en que se celebraba la Misa por Justo.

"Cierta noche, el difunto se apareció a Copioso, su hermano. Al verlo, éste le dijo: '¿Qué quiere decir esto, hermano?... ¿Cómo estás?...' El difunto le respondió: 'Hasta hace poco estaba muy mal, pero ahora me encuentro bien'.

"Enseguida, su hermano se dirigió al monasterio para informar a los monjes. Estos contaron los días en que se había ofrecido el santo sacrificio por el difunto y habían sido treinta.

"Hasta ese momento, Copioso no sabía nada de cuanto los monjes habían hecho; y éstos ignoraban la visión que él había tenido. Pero se constató que el día de la visión correspondía al de la trigésima misa, y concluyeron que era la que lo había liberado definitivamente de las penas del Purgatorio". (*El Purgatorio,* Santiago Alberione, pp. 72-75, Ed. Alba, S.A., Guadalajara, Jal.).

5. Reflexión

Guía: El cielo es el amor o lo que es lo mismo, el cielo es Dios, porque "Dios es amor". "Allí descansaremos, veremos, amaremos". "En un Reino que para nosotros está preparado desde la creación del mundo". Por eso ahora debemos trabajar y luchar por la construcción de un mundo mejor, más humano, más fraternal, más confortable, hermoso y cómodo para todos los hombres. "En el cual se vea y se anuncie, aquel Reino universal y eterno del cielo". "¿Y dónde se encuentra ese cielo?" Es "Dios mismo nuestro lugar después de esta vida", es decir: el cielo está donde está Dios, ofreciéndose como puro amor a los que en la vida lo amaron a Él y a los hermanos. Ahora pidamos al Señor la plena recompensa de gloria, para nuestro(a) hermano(a) N., para sus familiares, para todos los fieles difuntos, para todos nosotros y para todos cuantos en la vida han buscado a Dios con sincero corazón.

6. Oración común de toda la familia

Guía: Supliquemos, hermanos, al Padre celestial, Señor y dador de la Vida, por medio de Jesucristo, Vida, Verdad y Camino.
Todos responden: *Padre, escúchanos.*

1. Para que la Santa Iglesia de Dios proclame al mundo la muerte de Cristo, fuente perenne de vida y de perdón, roguemos al Señor.
   Todos: *Padre, escúchanos.*

2. Por todos los hombres que, sin el consuelo de la fe, lloran ante la muerte, para que Dios les revele la gloria de la inmortalidad futura.
Todos: *Padre, escúchanos*.

3. Para que nuestro(a) hermano(a) N., que en el santo Bautismo murió con Cristo al pecado, viva la vida plena y gloriosa de hijo de Dios, roguemos al Señor.
Todos: *Padre, escúchanos*.

4. Para que nuestro(a) hermano(a) N., que participó en la carne inmolada y entregada de Cristo, alcance los frutos eternos de la Eucaristía, roguemos al Señor.
Todos: *Padre, escúchanos*.

5. Para que nosotros vivamos cada día más profundamente las exigencias y sacrificios de nuestro Bautismo y nuestra Eucaristía, roguemos al Señor.
Todos: *Padre, escúchanos*.

7. Padre nuestro

Guía: Terminemos nuestra oración repitiendo la plegaria que el Señor nos enseñó:
Todos: *Padre nuestro, que estás en el cielo, santificado sea tu Nombre; venga a nosotros tu reino;*
hágase tu voluntad en la tierra como en el cielo. Danos hoy nuestro pan de cada día; perdona nuestras ofensas, como también nosotros perdonamos a los que nos ofenden; no nos dejes caer en la tentación, y líbranos del mal.

8. Oración

Guía: Oh Dios, tus días no tienen fin, y tu misericordia es infinita. Recuérdanos siempre que nuestra vida es corta y frágil. Que tu Espíritu nos haga caminar por este mundo en santidad y justicia, todos los días de nuestra vida, para que después de haberte servido en la tierra en la comunión de tu Iglesia, en la confianza de una fe cierta, en el consuelo de una esperanza santa y en la perfecta caridad con todos los hombres, lleguemos felizmente a tu reino. Por Jesucristo nuestro Señor.

Todos: *Amén.*

9. Canto final

Escójase el canto más apropiado. Véase la página 270.

10. Despedida

Guía: Dale Señor el descanso eterno.
Todos: *Y brille para él (ella) la luz perpetua.*

Guía: Que nuestro(a) hermano(a) N., y todos los fieles difuntos, por la misericordia de Dios, descansen en paz.
Todos: *Amén.*

Guía: Ave María purísima.
Todos: *En gracia de Dios concebida.*

"¿De qué le sirve al hombre –dice el Señor– ganar todo el mundo si luego pierde su alma?" (Mateo 16, 26)

NOVENO DÍA

1. Canto de inicio

Selecciónese el canto más apropiado para que todos lo puedan cantar. Véase la página 270.

2. Saludo

Guía: En el nombre del Padre, † y del Hijo y del Espíritu Santo.
Todos: *Amén*.

Guía: Ofrezcamos al Señor, esta última noche del Novenario por el descanso del alma de nuestro(a) hermano(a) N. Confiados en la Palabra del Señor: "Yo os aseguro que si dos de vosotros se ponen de acuerdo en la tierra para pedir algo, sea lo que fuere, lo conseguirán de mi Padre que está en los cielos". Pidamos por nuestro(a) hermano(a) N., y por todos nosotros pecadores.

Si se acostumbra rezar el Santo Rosario en el Novenario, en este momento se inicia como se indica en la página 145, y una vez terminado se continúa con el número 3.

3. Oración

Guía: Señor, acepta, las plegarias que te presentamos por tu siervo(a) nuestro(a) hermano(a) y haz que, por

los sufrimientos y fatigas de esta vida, reciba el premio eterno que mereció. Por Jesucristo. nuestro Señor.
Todos: *Amén*.

4. Lecturas

Lector 1: Lectura de la segunda carta del apóstol san Pablo a los Corintios: 5, 1. 6-10.

Hermanos: Sabemos que si esta tienda, que es nuestra habitación terrestre, se desmorona, tenemos una casa que es de Dios, una habitación eterna, no hecha por manos de hombre y que está esperándonos en el cielo. Siempre tenemos confianza, aunque sabemos que, mientras vivimos en el cuerpo, estamos desterrados, lejos del Señor. Caminamos guiados por la fe, sin ver todavía. Estamos, pues, llenos de confianza y preferimos salir de este cuerpo para vivir con el Señor. Por eso procuramos agradarle, en el destierro o en la patria. Porque todos tendremos que comparecer ante el tribunal de Cristo, para recibir premio o castigo por lo que hayamos hecho en esta vida. Palabra de Dios.
Todos: *Te alabamos, Señor.*

Guía: ¡Cantad al Señor, bendecid su nombre!
Todos: *¡Cantad al Señor, bendecid su nombre!*

Guía: Cantad al Señor un cántico nuevo; cantad al Señor toda la tierra. Cantad al Señor, bendecid su nombre, proclamad día tras día su victoria.
Todos: *¡Cantad al Señor, bendecid su nombre!*

Guía: Cantad a los pueblos su gloria, sus maravillas a todas las naciones: decid a los pueblos: "¡El Señor es Rey! ¡Él gobierna a los pueblos rectamente!"

Todos: *¡Cantad al Señor, bendecid su nombre!*

Guía: ¡Alégrese el cielo, goce la tierra; retumbe el mar y cuanto lo llena; vitoreen los campos delante del Señor que ya llega, ya llega a regir la tierra!

Todos: *¡Cantad al Señor, bendecid su nombre!*

Lector 2: Lectura del santo Evangelio según san Juan: 15, 1-7.

En aquel tiempo dijo Jesús: "Yo soy una verdadera vid y mi Padre es el viñador. Él corta todo sarmiento que no dé fruto en mí, mientras que limpia todo aquel que sí da fruto, para que dé todavía más. Ya vosotros estáis limpios por la doctrina que os he predicado. Permaneced en mí, y yo permaneceré en vosotros. Así como el sarmiento no puede dar fruto solo, si no sigue adherido a la vid, así tampoco vosotros, si no permanecéis adheridos a mí. Yo soy la vid y vosotros sois los sarmientos. El que sigue adherido a mí, y yo unido a él, rinde abundante fruto. Separados de mí no podréis hacer ninguna cosa. A todo aquel que no permanezca adherido a mí, se le echa fuera lo mismo que al sarmiento; se seca luego; después se juntan todos los sarmientos secos y se les echa a la lumbre, y allí arden. Si permanecéis unidos a mí, y tenéis mis palabras grabadas en vosotros, pedid lo que queráis y lo conseguiréis". Palabra del Señor.

Todos: *Gloria a ti, Señor Jesús.*

La siguiente lectura puede omitirse, si se cree oportuno, pasando directamente al número 5.

Lector 3: Lectura de la vida de san Juan Bosco:

Don Bosco, de joven estudiante en el seminario de Chieri (Italia), hizo un pacto con su amigo y compañero Comollo: que quien de los dos muriese primero, vendría la noche siguiente a comunicar el propio destino, siempre que el Señor se los permitiese.

"Yo ignoraba las consecuencias de semejante promesa –escribía más tarde Don Bosco–, y confieso que fue una grande locura; por lo que yo les aconsejo a los demás que no lo hagan. Pero nosotros no encontrábamos, en aquel entonces, nada reprochable en esta promesa, que estábamos decididos a mantenerla. La repetimos varias veces, y de una manera particular en la última enfermedad de Comollo, pero siempre bajo la condición que el Señor nos lo permitiese. Las últimas palabras de Comollo y su última mirada me aseguraron que el pacto se cumpliría...

En el seminario de Chieri, la noche del 3 al 4 de abril de 1839, que seguía al día de la sepultura de Luis Comollo, yo –cuenta Don Bosco– dormía con veinte alumnos de teología... Estaba en la cama, pero no dormía. A eso de la medianoche, se oyó un ruido al fondo del corredor, ruido que iba haciéndose cada vez más fuerte al acercarse a nosotros. Parecía como el ruido de una carroza tirada por muchos caballos, o como truenos de barrenos... Los seminaristas se despertaron, pero ninguno habló. Yo estaba lleno de

260

temor. El ruido seguía acercándose con más fuerza; y al llegar a la puerta del dormitorio, ésta se abrió violentamente. Y el ruido aumentó sin que se viera alguna persona, excepto una tenue luz, de un color variado, de la que parecía partía aquel ruido. En un determinado momento el ruido cesó, y la luz brilló más; y se oyó retumbar la voz de Comollo, que por tres veces seguidas, dijo: ¡Bosco! ¡Bosco! ¡Bosco! *¡Estoy salvado!*

En aquel momento el dormitorio se iluminó intensamente y el ruido comenzó nuevamente más violento y más largo, casi que el dormitorio se caía, y cesó el ruido como también la luz. Los seminaristas, se levantaron de las camas, corrieron por todas partes... Todos oyeron el ruido. Muchos escucharon también la voz, pero no entendieron nada... Yo sufrí mucho y en aquel instante quería morir de miedo. Fue la primera vez que, recuerdo que tuve miedo. De aquí se me originó una enfermedad, que casi me llevó al borde de la tumba, y me dejó así enfermo que no he podido ser bueno, sino hasta muchos años después". (*Cfr*. Lemoyne G. B., *Vida de san Juan Bosco*, vol. I pp. 192-194, Turín, 1953)

5. Reflexión

Guía: La unión con Cristo se realiza ya en nuestro Bautismo. Que puede ser fructuosa o de solo hojas. Es de hojas, cuando somos cristianos sólo de nombre; y de frutos, cuando nuestras obras son fecundas por la caridad. Ahora lo que más nos debe preocupar es no separarnos de Cristo por el pecado. Así unidos a Cristo, nuestro crecimiento será siempre constante y duradero. Unidos a Cristo, nada ni nadie nos apartará de Él, y la muerte sellará definitivamente nuestra unión y nuestro Amor.

6. Oración común de toda la familia

Guía: Concluyamos, hermanos este Novenario, elevando al Padre, por medio de Jesucristo, nuestras súplicas, para que demos frutos unidos con Él.

Todos ¡responden: *Padre, escúchanos y ten misericordia.*

1. Recuerda, Señor, que tu ternura y tu misericordia son eternas, y no te acuerdes de los pecados ni de las faltas de nuestro(a) hermano(a) N.

Todos: *Padre, escúchanos y ten misericordia.*

2. Por el honor de tu nombre, Señor, perdónale todas sus culpas, y haz que viva eternamente feliz en tu presencia.

Todos: *Padre, escúchanos y ten misericordia.*

3. Que habite en tu casa por días sin término, y goce de tu presencia contemplando tu rostro.

Todos: *Padre, escúchanos y ten misericordia.*

4. No rechaces a tu siervo(a) ni lo(la) olvides en el reino de la muerte, antes concédele gozar de tu gloria para siempre.

Todos: *Padre, escúchanos y ten misericordia.*

5. Sé tú, Señor, el apoyo y la salvación de cuantos a ti acudimos: sálvanos y bendícenos, porque somos tu pueblo y tu heredad.

Todos: *Padre, escúchanos y ten misericordia.*

6. Que las cruces y tribulaciones nos den más unión con Cristo y más fecundidad a nuestro Bautismo y Eucaristía.

Todos: *Padre, escúchanos y ten misericordia.*

7. Padre nuestro

Guía: Oremos todos juntos, antes de terminar este Novenario, confiadamente al Padre con las palabras que nos enseñó nuestro Salvador:

Todos: *Padre nuestro, que estás en el cielo, santifica-do sea tu Sombre; venga a nosotros tu reino; hágase tu voluntad en la tierra como en el cielo. Danos hoy nuestro pan de cada día; perdona nuestras ofensas, como también nosotros perdonamos a los que nos ofenden; no nos dejes caer en la tentación, y líbranos del mal.*

8. Oración

Guía: Dios todopoderoso y eterno. Padre lleno de bondad, recibe las súplicas que te hemos dirigido en este Novenario, en favor de tu siervo(a) N., líbralo(a) de sus culpas y concédele la gracia de la resurrección. Por nuestro Señor Jesucristo.
Todos: *Amén*.

Antes de terminar la Novena véase la página 265: levantamiento de la cruz. Si no se acostumbra, se concluye como de ordinario.

9. Canto final

Escójase el canto más apropiado. Véase la página 270.

10. Despedida

Guía: Dale Señor el descanso eterno.
Todos: *Y brille para él (ella) la luz perpetua*.

Guía: Que nuestro(a) hermano(a) N., y todos los fieles difuntos, por la misericordia de Dios, descansen en paz.
Todos: *Amén*.

Guía: Ave María purísima.
Todos: *En gracia de Dios concebida*.

LEVANTAMIENTO DE LA CRUZ

En los lugares donde se acostumbra, al término del Novenario se levanta la cruz de flores, de cal o de ceniza, de la manera siguiente:

Guía: Jesús mío, por el sudor de sangre que derramaste en el Huerto de Getzemaní:
Todos: *Ten piedad de él (ella).*

Guía: Jesús mío, por los dolores de tu despiadada flagelación:
Todos: *Ten piedad de él (ella).*

Guía: Jesús mío, por los dolores que sufriste al llevar la cruz a cuestas hasta el Calvario:
Todos: *Ten piedad de él (ella).*

Guía: Jesús mío, por el inmenso dolor que sufriste al separarse el alma de tu cuerpo:
Todos: *Ten piedad de él (ella).*

Reflexión

Guía: La Cruz del Señor se levanta en medio de su Pueblo, como el signo por excelencia de la salvación. La fe en la Cruz victoriosa, es el fundamento de la esperanza y el aliciente de todo sufrimiento y dolor humano. Es la Cruz el trofeo de la victoria pascual sobre la muerte. Pidamos, que siempre aceptemos con amor las cruces pequeñas o grandes que Dios nos envíe. Jesús nos recuerda: "Si alguno quiere venir en pos de mí, niéguese a sí mismo, tome su cruz y sígame".

Canto: Ved la Cruz de Salvación

El canto que sigue, si no se sabe cantar, se lee.

Guía: Ved la cruz de salvación donde Dios dio la vida; precio de la redención de la humanidad perdida.
Todos: *Cruz de Cristo vencedor, te adoramos, sálvanos.*

Guía: Árbol santo e inmortal son tus frutos redentores: gracia, luz, perdón y paz brindar a los pecadores.
Todos: *Cruz de Cristo vencedor, te adoramos, sálvanos.*

Guía: Ara donde se inmoló el Cordero inmaculado: Cristo en ti nos redimió de la muerte y del pecado.
Nave firme en el luchar con las olas de la vida; faro en nuestro caminar a la patria prometida.
Todos: *Cruz de Cristo vencedor, te adoramos, sálvanos.*

Guía: Cruz de Cristo triunfador, prenda de nuestra victoria;
Juez y discriminador del infierno o de la Gloria.
Todos: *Cruz de Cristo vencedor, te adoramos, sálvanos.*

Guía: Santo emblema del amor fiel recuerdo del amado, cruz que dice el pecador la malicia del pecado.
Todos: *Cruz de Cristo vencedor, te adoramos, sálvanos.*

Guía: Canta Cruz de redención arcoíris de alianza signo eterno del perdón, fuente viva de esperanza.

Todos: *Cruz de Cristo vencedor, te adoramos, sálvanos.*

Enseguida se comienza a recoger la cruz

1. AL RECOGER LA CABEZA, SE DICE:

Guía: Señor Jesús, por los dolores que sufriste en tu sagrada cabeza coronada de espinas, te pedimos que perdones los pecados cometidos por nuestro(a) hermano(a) con el pensamiento. *Padre nuestro...*

2. AL RECOGER EL BRAZO DERECHO. SE DICE:

Guía: Señor Jesús, por el dolor que sufriste cuando un clavo traspasó tu mano derecha, te pedimos que perdones los pecados que nuestro(a) hermano(a) haya cometido con su mano derecha. *Padre nuestro...*

3. AL RECOGER EL BRAZO IZQUIERDO, SE DICE:

Guía: Señor Jesús, por el dolor que sufriste cuando te clavaron la mano izquierda, perdona los pecados que haya cometido nuestro(a) hermano(a) con su mano izquierda. *Padre nuestro...*

4. AL RECOGER EL RESTO DE LA CRUZ, SE DICE:

Guía: Señor Jesús, por los dolores que sufriste en todo tu cuerpo, en el momento en que estabas crucificado, perdona los pecados que nuestro(a) hermano(a) haya cometido con todo su cuerpo y su corazón.. *Padre nuestro...*

Oración

Guía: Dios nuestro que quisiste que tu Hijo muriera en la Cruz para salvar a todos los hombres, te pedimos que libres a tu siervo(a) de sus pecados, para que pueda gozar de tu gloria entre tus santos y elegidos. Y nosotros aceptar por su amor la cruz del sufrimiento aquí en la tierra, para poder gozar en el cielo los frutos de su redención. Por Jesucristo, nuestro Señor.
Todos: *Amén*.

Si se cree oportuno, se entona algún canto apropiado. Véase la página 270. Y se termina con el número 10 de la página 264.

Se concluye, diciendo:

Guía: Dale Señor el descanso eterno.
Todos: *Y brille para él (ella) la luz perpetua*.

Guía: Que nuestro(a) hermano(a) N., y todos los fieles difuntos, por la misericordia de Dios, descansen en paz.
Todos: *Amén*.

Guía: Ave María purísima.
Todos: *En gracia de Dios concebida*.

"Quiero morir alabando las misericordias del Señor" (Sal 71)

268

VII
CANTOS FAMILIARES

1. ACUÉRDATE DE JESUCRISTO

Acuérdate de Jesucristo
resucitado de entre los muertos.
Él es nuestra salvación,
nuestra gloria para siempre.

1. Si con él morimos, viviremos con él.
   Si con él sufrimos, reinaremos con él,
   en él nuestras penas, en él nuestro gozo.

2. ALEGRE QUIERO CANTAR

Alegre quiero cantar
que nunca me he de morir,
cantando paso la vida sin llorar,
sin llorar yo quiero cantar.
Yo quiero cantar, cantaré a la vida
yo quiero cantar.

Un día yo moriré,
la tierra me cubrirá,
y un día yo saltaré
para gritar, para gritar.
La muerte se marchitó,
la vida resucitó,
ya nunca más dejaremos
de vivir, de vivir.

3. CAMINARÉ EN PRESENCIA DEL SEÑOR

Amo al Señor porque escucha mi voz suplicante
porque inclina su oído hacia mí, cuando lo invoco.

1. Me envolvían redes de muerte,
   caí en tristeza y en angustia,
   invoque el nombre del Señor,
   Señor, salva mi vida.

2. Vamos siempre a oscuras,
   si nos falta el sol;
   vamos siempre solos,
   si nos falta Dios.

3. Dios es buen amigo
   para caminar;
   si él viene conmigo,
   ¡qué seguro andar!

4. No camino solo
   porque voy con Dios,
   y saludo a todos
   con un gran adiós.

4. CRISTO ESTÁ CONMIGO

Cristo está conmigo
junto a mí va el Señor
me acompaña siempre
en mi vida hasta el fin.

1. Ya no temo, Señor, la tristeza,
   Ya no temo, Señor, la soledad
   porque eres Señor mi alegría
   tengo siempre tu amistad.

271

2. Ya no temo, Señor, a la noche,
   ya no temo, Señor, la oscuridad,
   porque brilla tu luz en las sombras,
   ya no hay noche, tú eres luz.

3. Ya no temo, Señor, los fracasos,
   ya no temo, Señor, la ingratitud,
   porque el triunfo, Señor, en la vida
   tú lo tienes, tú lo das.

4. Ya no temo, Señor, los abismos,
   ya no temo, Señor, la inmensidad,
   porque eres, Señor, el camino
   y la vida, la verdad.

5. Ya no temo, Señor, a la muerte,
   ya no temo, Señor, la eternidad,
   porque tú estás allá esperando
   que yo llegue hasta ti.

5. CRISTO RESUCITÓ

¡Cristo resucitó! ¡Cristo resucitó! Cristo
venció a la muerte. ¡Cristo resucitó! Cristo venció al
pecado, ¡Cristo resucitó!

1. Mira el sepulcro vacío. La roca de gloria estalló.
   ¡Qué absurdo pensar que entre piedras se entierra
   la fuerza de Dios!
   Mira a los hombres corriendo, soldados que el
   miedo asustó. Llorando sin fe las mujeres. A veces
   sin fe lloro yo.

2. Tiene sentido mi vida. También yo resucitaré. Sin
   Pascua que es vida y promesa, sería mentira mi fe.

"Toca y aprieta mi carne" dice a Tomás que dudó.
"Soy yo quien murió por salvaros. Tu amigo me
resucitó".

3. ¡Cristo resucitó! ¡Cristo resucitó! Cristo venció
   a la muerte.
   ¡Cristo resucitó! ¡Cristo venció al pecado! ¡Cristo resucitó!
   ¡Cristo resucitó! ¡Cristo resucitó!

6. CRISTO VIVE

Creo que Cristo vive
y que al final podré resucitar,
llevo esta esperanza
junto al Señor podré resucitar.

Veré al Señor,
mis propios ojos lo verán,
contemplaré la nueva patria
celestial; en paz,
en paz descansarán, en paz,
en paz descansarán.

Creo que Cristo vive...

7. DALES, SEÑOR. EL DESCANSO

Dales, Señor, el descanso
eterno y brille para ellos
la luz perpetua.

¡Oh Dios, Tú mereces un himno
en Sión, y a Ti se presentarán
votos en Jerusalén!
Dales, Señor...

Señor, ten piedad (Bis)
Cristo, ten piedad (Bis)
Señor, ten piedad (Bis)

8. DE GOZO SE LLENÓ MI CORAZÓN

De gozo se llenó mi corazón,
cuando escuché una voz:
iremos a la casa del Señor.

1. Tus caminos surcaron nuestros pies
   llegándonos a ti, Jerusalén.

2. Fortísima ciudad, Jerusalén,
   llegan a ti las tribus de Yavé.

3. Haya dondequiera en ti seguridad
   y los que te aman gocen de tu paz.

4. Dentro de tus murallas calma habrá,
   y en tus palacios gran tranquilidad.

5. Para hermanos y amigos pediré
   que disfruten de paz, Jerusalén.

9. DÍA Y NOCHE

1. Día y noche va tu espíritu,
   Señor, conmigo.
   Día y noche pienso
   que tú estás en mí.

2. Si camino entre los hombres,
   va tu espíritu, Señor, conmigo.

Al servirles cada día,
pienso que tú estás en mí.

3. Si me encuentro triste y solo,
   va tu espíritu, Señor, conmigo.
   En las luchas de la vida,
   pienso que tú estás en mí.

4. Cuando va muriendo el sol,
   va tu espíritu, Señor, conmigo.
   Al dormir confío en ti,
   pienso que tú estás en mí.

5. Cuando silba fuerte el viento,
   va tu espíritu, Señor, conmigo.
   En la noche oscura y fría,
   pienso que tú estás en mí.

6. Cuando tenga que morir,
   va tu espíritu, Señor, conmigo.
   Guarda mi alma paja ti,
   pienso que tú estás en mí.

10. EL SEÑOR ES MI LUZ

El Señor es mi luz y mi salvación,
El Señor es la defensa de mi vida.
Si el Señor es mi luz,
¿A quién temeré?
¿Quién me hará temblar?

Una cosa pido al Señor:
habitar por siempre en su casa,
gozar de la dulzura del Señor
contemplando su templo santo.

No me escondas tu rostro, Señor,
buscaré todo el día tu rostro;
si mi padre y mi madre me abandonan
el Señor me recogerá.

Oh Señor, enséñame el camino,
guíame por la senda verdadera,
gozaré de la dicha del Señor
en la tierra de la vida.

11. EL SEÑOR ES MI PASTOR

El Señor es mi Pastor
nada me falta.
Me conduce hacia fuentes
tranquilas y repara
mis fuerzas.

El Señor es mi Pastor...

No temo por las cañadas
oscuras, si Tú vas conmigo.

El Señor es mi Pastor...

12. EL TESTIGO

Por ti, mi Dios, cantando voy
la alegría de ser tu testigo, Señor.

1. Es fuego tu palabra que mi boca quemó,
   mis labios ya son llamas y cenizas mi voz.
   Da miedo proclamarte, pero tú me dices:
   no temas: contigo estoy.

2. Tu palabra es una carga que mi espalda
   dobló, es brasa tu mensaje que mi lengua quemó.

276

Déjate quemar si quieres alumbrar, no temas: contigo estoy.

3. Me mandas que cante con toda mi voz,
   no sé cómo cantar tu mensaje de amor.
   Los hombres me preguntan cuál es mi misión,
   les digo: testigo soy.

13. EL SEÑOR VIVE

(E. Vicente Matéu)
No busquéis entre los muertos a la vida,
 no llores entre las sombras a la luz.
Cantad porque la muerte está vencida,
cantad pues Dios es el Señor Jesús.

1. No busquéis por las montañas ni los valles.
   No miréis por las alturas junto al sol:
    buscadle por las plazas y las calles.
   En cada ser que vive, está el Señor.

2. No quedéis mirando al cielo o a las nubes
   esperando un nuevo gran libertador.
   Mirad: la luz que nace de las sombras,
   es fuerza salvadora del Señor.

3. No te canses recorriendo tu camino
   si la luz de nuestra Pascua no es tu luz.
   No sueñes vanamente tu destino:
    no hay vida sino está el Señor Jesús.

14. ERRANTE VOY

(Negro Espiritual)
1. Errante voy, soy peregrino,
   como un extraño voy bajo el sol.

Encuentro a Dios en mi camino,
consuelo y paz en mi dolor.

Unido a Dios en alianza,
el nuevo pueblo
en marcha va;
 luchando aquí,
por la esperanza
de un nuevo mundo
que vendrá.

2. Recorro el fin de mi camino,
   voy a mi patria, Jerusalén.
   Nada inquieta ya mi destino,
   porque el Señor guarda mi fe.

15. HOY EL SEÑOR RESUCITÓ
("Negro Espiritual" Adap. M. Manzano)

1. Hoy el Señor resucitó
   y de la muerte nos libró.
   ¡Alegría y paz hermanos,
   que el Señor resucitó!

2. Porque esperó, Dios lo libró
   y de la muerte lo sacó.

3. El pueblo en Él vida encontró,
   la esclavitud ya terminó.

4. La luz de Dios en Él brilló,
   la nueva vida nos llenó.

5. Con gozo alzad el rostro a Dios,
   que de Él nos llega la salvación.

6. Todos cantad: ¡Aleluya!
   Todos gritad: ¡Aleluya!

16. JUNTO A TI
(Adap. T. Aragüés)

1. Junto a Ti al caer de la tarde
   y cansados de nuestra labor,
   te ofrecemos con todos los hombres,
   el trabajo, el descanso, el amor.

2. Con la noche las sombras nos cercan
   y regresa la alondra a su hogar;
   nuestro hogar son tus manos, oh Padre,
   y tu amor nuestro nido será.

3. Cuando al fin nos recoja tu mano,
   para hacernos gozar de tu paz,
   reunidos en torno a tu mesa,
   nos darás la perfecta hermandad.

17. JUNTOS COMO HERMANOS
(C. Gabaráin)

Juntos como hermanos,
miembros de una Iglesia.
Vamos caminando,
al encuentro del Señor.

1. Un largo caminar, por el desierto bajo el sol,
   no podemos avanzar, sin la ayuda del Señor.

2. Unidos al rezar, unidos en una canción,
   viviremos nuestra fe, con la ayuda del Señor.

3. La Iglesia en Marcha está,
a un mundo nuevo vamos ya,
donde reinará el amor,
donde reinará la paz.

18 LLÉVANOS A LA VIDA
(E. Vicente Matéu)

Tú nos dices que el hombre
por siempre ha de vivir.
Llévanos a la vida,
Señor, cerca de Ti.

1. Tú nos enseñas que el morir
no es la meta ni el final.
Que nuestros cuerpos,
al partir se llenarán de eternidad.

Tú nos invitas a vivir
en un constante caminar.
Con la esperanza firme en Ti,
puesto en Ti nuestro afán.

2. Tristes hombres, sin tu luz
siguen buscando un más allá,
sin sospechar que junto a Ti
su misma vida encontrarán.
Tú les darás un nuevo sol
que sin ocaso brillará,
y al despertar tu amanecer,
cerca de Ti estarán.

3. Mas si creemos en tu amor,
si nos inunda tu verdad,
si caminamos en tu luz,
cerca de Ti nos llevarás.

Tú nos preparas la mansión
donde se vive eternidad,
donde nos libras del dolor,
donde nos das tu paz.

19. MADRE DE TODOS LOS HOMBRES
("Santa María del Amén" J. A. Espinosa)

Madre de todos los hombres
enséñanos a decir: Amén.

1. Cuando la noche se acerca
   y se oscurece la fe.

2. Cuando el dolor nos oprime
   y la ilusión ya no brilla.

3. Cuando aparece la luz
   y nos sentimos felices.

4. Cuando nos llegue la muerte
   y tú nos lleves al cielo.

20. MIENTRAS RECORRES
1. Mientras recorres la vida,
   tú nunca solo estás,
   contigo por el camino,
   Santa María va.
   Ven con nosotros al caminar.
   Santa María ven (bis).

2. Aunque te digan algunos
   que nada puede cambiar,
   lucha por un mundo nuevo,
   lucha por la verdad.

3. Si por el mundo los hombres
   sin conocerse van,
   no niegues nunca tu mano
   al que contigo está.

4. Aunque parezcan tus pasos
   inútil caminar,
   tú vas haciendo caminos:
   otros los seguirán.

21. PERDONA A TU PUEBLO, SEÑOR

Perdona a tu pueblo, Señor.
Perdona a tu pueblo,
 perdónale, Señor.

1. No estés eternamente enojado,
   no estés eternamente enojado:
    perdónale, Señor.

2. Por tus profundas llagas crueles,
   por tus salivas y por tus hieles:
    perdónale, Señor.

3. Por tus heridas de pies y manos,
   por los azotes tan inhumanos:
    perdónale, Señor.

4. Por los tres clavos que te clavaron,
   y las espinas que te punzaron:
    perdónale, Señor.

5. Por las tres horas de agonía,
   en que por madre diste a María:
    perdónale, Señor.

6. Por la abertura de tu costado,
   no estés eternamente enojado:
   perdónale, Señor.

22. PERDÓN OH DIOS MÍO

Perdón oh Dios mío,
perdón e indulgencia,
perdón y clemencia,
perdón y piedad.

1. Pequé, ya mi alma su culpa confiesa,
   mil veces me pesa de tanta maldad,
   de tanta maldad.

2. Mil veces me pesa de haber,
   obstinado, tu pecho rasgado, oh suma Bondad.

3. Por mí en el tormento tu sangre vertiste,
   y prenda me diste de amor y humildad.

4. Mas, ya arrepentido te busco lloroso,
   oh Padre amoroso,
   oh Dios de piedad.

23. QUÉ ALEGRÍA CUANDO ME DIJERON

(M. Manzano)

Qué alegría cuando me dijeron:
"vamos a la casa del Señor",
ya están pisando nuestros pies
tus umbrales Jerusalén.

Jerusalén está fundada
como ciudad bien compacta:

allá suben las tribus,
las tribus del Señor.

Según la costumbre de Israel
a celebrar el nombre del Señor;
en ella están los tribunales de justicia,
en el palacio de David.

Desead la paz a Jerusalén,
vivan seguros los que te aman:
haya paz dentro de tus muros,
en tus palacios seguridad.

Por mis hermanos y compañeros
voy a decir: "La paz contigo",
 por la casa del Señor nuestro Dios
te deseo todo bien.

24. QUIEN CREE EN TI, SEÑOR, NO MORIRÁ PARA SIEMPRE

1. Yo sé que mi Redentor vive
   y el último día resucitaré de la tierra.

2. Él reconstruirá mi propia carne
y veré a Dios con mis ojos.

3. Si morimos con Cristo
   con Él también viviremos.

4. Dichosos los difuntos
   que mueren en el Señor.

5. El Señor los guiará a las fuentes de la vida
   y enjugará toda lágrima de sus ojos.

25. RESUCITÓ

Resucitó, resucitó, resucitó. Aleluya.
Aleluya, aleluya, aleluya, resucitó.

1. La muerte ¿dónde está la muerte?
    ¿dónde está mi muerte?
    ¿dónde su victoria? Resucitó...

2. Gracias sean dadas al Padre,
    que nos pasó a su reino,
    donde se vive de amor. Resucitó...

3. Alegría, alegría, hermanos,
    que si hoy nos queremos,
    es que resucitó. Resucitó...

4. Si con Él morimos,
    con Él vivimos,
    con Él cantamos aleluya. Resucitó...

26. SOMOS UN PUEBLO

Somos un pueblo que camina,
y juntos caminando
podremos alcanzar
otra ciudad que no se acaba
sin penas ni tristezas:
ciudad de eternidad.

1. Somos un pueblo que camina,
    que marcha por el mundo
    buscando otra ciudad.
    Somos errantes peregrinos

en busca de un destino:
destino de unidad.
Siempre seremos caminantes,
pues sólo caminando podremos alcanzar
otra ciudad que no se acaba,
sin penas ni tristezas: ciudad de eternidad.

2. Sufren los hombres mis hermanos
   buscando entre las piedras
   la parte de su pan.
   Sufren los hombres oprimidos,
   los hombres que no tienen
   ni pan ni libertad.
   Sufren los hombres mis hermanos:
   mas tú vienes con ellos: en ti alcanzarán
   otra ciudad que no se acaba,
   sin penas ni tristezas: ciudad de eternidad.

3. Danos valor para la lucha,
   valor en las tristezas,
   valor en nuestro afán.
   Danos la luz de tu palabra,
   que guíe nuestros pasos en este caminar.
   Marcha, Señor, junto a nosotros,
   pues sólo en tu presencia podremos alcanzar
   otra ciudad que no se acaba,
   sin penas ni tristezas: ciudad de eternidad.

27. TODOS UNIDOS
(C. Gabaráin)
1. Todos unidos formando un solo cuerpo,
   un pueblo que en la Pascua nació.
   Miembros de Cristo en sangre redimidos,
   Iglesia peregrina de Dios.

286

2. Vive en nosotros la fuerza del Espíritu
   que el Hijo desde el Padre envió.
   Él nos empuja, nos guía y alimenta,
   Iglesia peregrina de Dios.

Somos en la tierra
semilla de tu Reino,
 somos testimonio de amor:
paz para las guerras y luz entre las sombras.
Iglesia peregrina de Dios. (2)

3. Rugen tormentas y a veces nuestra barca,
   parece que ha perdido el timón.
   Miras con miedo, no tienes confianza,
   Iglesia peregrina de Dios.

4. Una esperanza nos llena de alegría:
   Presencia que el Señor prometió;
   vamos cantando, Él viene con nosotros,
   Iglesia peregrina de Dios.

5. Todos unidos en un solo Bautismo,
   unidos en la misma comunión.
   Todos viviendo en una misma casa,
   Iglesia peregrina de Dios.

6. Todos prendidos en una misma suerte,
   ligados a la misma salvación.
   Somos un cuerpo y Cristo es la cabeza,
   Iglesia peregrina de Dios.

28. TU PALABRA ME DA VIDA
(J. A. Espinosa)
Tu palabra me da vida,
confío en ti Señor.

Tu palabra es eterna,
en ella esperaré.

Dichoso el que con vida intachable
camina en la ley del Señor.
Dichoso el que, guardando sus preceptos,
lo busca de todo corazón.

Postrada en el polvo está mi alma,
devuélveme la vida tu palabra.
Mi alma está llena de tristeza,
consuélame, Señor, con tus promesas.

Escogí el camino verdadero,
y he tenido presentes tus decretos.
Correré por el camino del Señor,
cuando me hayas ensanchado el corazón.

Este es mi consuelo en la tristeza,
sentir que tu palabra me da vida;
por las noches me acuerdo de tu nombre,
recorriendo tu camino dame vida.

29. UN SOLO SEÑOR

Un solo Señor, una sola fe,
un solo bautismo,
un solo Dios y Padre.

1. Llamados a formar la unidad del Espíritu
   por el vínculo de la paz
   cantamos y proclamamos:

2. Llamados a formar un solo cuerpo
   en un mismo espíritu
   cantamos y proclamamos:

3. Llamados a compartir
   una misma esperanza en Cristo,
   cantamos y proclamamos:

30. VEN, SEÑOR. EN MI AYUDA

1. Ven, Señor, en mi ayuda
   ven, mi vida se acaba,
   sin cariño de nadie
   agoniza mi alma.

2. Dame fuerza y aliento,
   dame fe y esperanza
   para que yo no muera,
   hazme oír tu palabra.

3. Tú eres aurora de vida
   y eres canción de esperanza;
   tú das al alma perdida,
   con el perdón la confianza.

ÍNDICE

II. ORACIONES DE CADA DÍA

III. ORACIONES POR LOS ENFERMOS

IV. NUESTROS AGONIZANTES

V. NUESTROS DIFUNTOS

VI. NOVENARIO

VII. CANTOS FAMILIARES

Se terminó de imprimir en los talleres de
Ediciones Paulinas, S.A. de C.V.
Calz. Taxqueña No. 1792 Deleg. Coyoacan, 04250
México, D.F., en Enero 2014 Se imprimieron
15,000 ejemps. más sobrantes de reposición.